CARLOS VALDER DO NASCIMENTO

Introdução
JOSÉ SOUTO MAIOR BORGES

ISENÇÃO DO IMPOSTO DE RENDA DOS TRABALHADORES DA ATIVA EM RAZÃO DE DOENÇA GRAVE

2ª edição

Belo Horizonte

2020

© 2011 Editora Fórum Ltda.

2020 2ª edição

É proibida a reprodução total ou parcial desta obra, por qualquer meio eletrônico, inclusive por processos xerográficos, sem autorização expressa do Editor.

Conselho Editorial

Adilson Abreu Dallari	Floriano de Azevedo Marques Neto
Alécia Paolucci Nogueira Bicalho	Gustavo Justino de Oliveira
Alexandre Coutinho Pagliarini	Inês Virgínia Prado Soares
André Ramos Tavares	Jorge Ulisses Jacoby Fernandes
Carlos Ayres Britto	Juarez Freitas
Carlos Mário da Silva Velloso	Luciano Ferraz
Cármen Lúcia Antunes Rocha	Lúcio Delfino
Cesar Augusto Guimarães Pereira	Marcia Carla Pereira Ribeiro
Clovis Beznos	Márcio Cammarosano
Cristiana Fortini	Marcos Ehrhardt Jr.
Dinorá Adelaide Musetti Grotti	Maria Sylvia Zanella Di Pietro
Diogo de Figueiredo Moreira Neto (in memoriam)	Ney José de Freitas
Egon Bockmann Moreira	Oswaldo Othon de Pontes Saraiva Filho
Emerson Gabardo	Paulo Modesto
Fabrício Motta	Romeu Felipe Bacellar Filho
Fernando Rossi	Sérgio Guerra
Flávio Henrique Unes Pereira	Walber de Moura Agra

Luís Cláudio Rodrigues Ferreira
Presidente e Editor

Coordenação editorial: Leonardo Eustáquio Siqueira Araújo
Aline Sobreira de Oliveira

Av. Afonso Pena, 2770 – 15º andar – Savassi – CEP 30130-012
Belo Horizonte – Minas Gerais – Tel.: (31) 2121.4900 / 2121.4949
www.editoraforum.com.br – editoraforum@editoraforum.com.br

Técnica. Empenho. Zelo. Esses foram alguns dos cuidados aplicados na edição desta obra. No entanto, podem ocorrer erros de impressão, digitação ou mesmo restar alguma dúvida conceitual. Caso se constate algo assim, solicitamos a gentileza de nos comunicar através do *e-mail* editorial@editoraforum.com.br para que possamos esclarecer, no que couber. A sua contribuição é muito importante para mantermos a excelência editorial. A Editora Fórum agradece a sua contribuição.

Dados Internacionais de Catalogação na Publicação (CIP) de acordo com a AACR2

N244i   Nascimento, Carlos Valder do

       Isenção do imposto de renda dos trabalhadores da ativa em razão de doença grave / Carlos Valder do Nascimento. 2. ed. – Belo Horizonte : Fórum, 2020.

       118 p.; 14,5x21,5cm
       ISBN: 978-85-450-0753-1

       1. Direito Tributário. 2. Direito Constitucional. 3. Direito público. I. Título.

       CDD 341.39
       CDU 34:336.2

Elaborado por Daniela Lopes Duarte - CRB-6/3500

Informação bibliográfica deste livro, conforme a NBR 6023:2018 da Associação Brasileira de Normas Técnicas (ABNT):

NASCIMENTO, Carlos Valder do. *Isenção do imposto de renda dos trabalhadores da ativa em razão de doença grave*. 2. ed. Belo Horizonte: Fórum, 2020. 118 p. ISBN 978-85-450-0753-1.

HOMENAGEM

Esta obra é uma louvação à vida embalada pelo doce canto da esperança. É uma resposta aos que, insensíveis ao drama humano, negam à pessoa o direito à saúde por amor ao formalismo besta. É uma advertência de que o homem deve ser o eixo central das preocupações do Estado, merecendo dele, portanto, tratamento condigno. É um apelo à solidariedade, ao humanismo, uma profissão de fé no sentido de que à lei deve, também, na sua interpretação e aplicação, ser incorporado o elemento axiológico sem o qual jamais poderá se proclamar o Direito justo.

Nessa linha presto uma homenagem a minha filha **Carla Melo do Nascimento**, que nasceu e viveu sob o signo da fraternidade e nesse curto espaço de vida praticou o bem e a solidariedade, exercendo o humanismo com toda a força de sua juventude.

Aproveito para transcrever o soneto que lhe foi dedicado pelo meu querido Amigo Ives Gandra da Silva Martins, a quem sou grato pelo conforto e pela manifestação de afeto e solidariedade que tem dedicado a minha família. Para ser um grande jurista é preciso ter sensibilidade poética, a fim de se alcançar a grandeza da eternidade. Seu texto demonstra isso.

Carla do Nascimento

Foi hoje um dia bem atribulado,
Com trabalho, consultas mais artigo.
Fiquei, no telefone, bem chocado
Com a morte da filha de um amigo.

Seu pai é Carlos Valder Nascimento.
Faleceu muito jovem. Que tristeza!
Silenciei-me, ao ouvi-lo, por momento,
Abatido por tão dura surpresa.

A fila dos quero, vai veloz
A caminho dos céus, na eternidade,
De todos nós a morte é sempre algoz,
Ficando dos que foram a saudade.

Enquanto eu vivo a vida, já sem festa,
Meu verso é aquela voz qui'inda me resta.

São Paulo, 06.10.2010[1]

---

[1] MARTINS, Ives Gandra da Silva. *Meu diário em sonetos*. São Paulo: Pax & Spes, 2010. p. 27. (4º trimestre).

Ao seu texto acrescento os meus pálidos versos:

Nesse meu caminhar desalinhado
Imerso na solidão do tempo
Levo para sempre esse meu fardo
Carregado de dor e sofrimento

Tenho suportado essa tristeza
Mas não importa o pranto
Sua memória eterna com certeza
Há de embelezar meu canto

Difícil é imaginar
Sua partida precocemente
Sem me avisar...
Assim tão de repente.

Carlos Valder do Nascimento

APRESENTAÇÃO

Uma vez esgotada a 1ª edição desta obra, produzida pela Editora Fórum, decidi preparar a 2ª edição, dada sua notória repercussão no mundo jurídico. Isso, em decorrência da relevância do assunto por ela veiculado: *Isenção do imposto sobre a renda de trabalhadores da ativa em razão de doença grave*.

A Introdução foi elaborada pelo notável jurista José Souto Maior Borges, dando plena concordância ao tema, além de trazer luzes ao seu conteúdo substantivo com o brilhantismo de sua contribuição extraordinária ao tema de tamanha significação social.

A matéria, como se sabe, pende de equacionamento no plano jurisdicional, em sede recursal na 1ª Seção do Superior Tribunal de Justiça (STJ), tendo por relator o Ministro Og Fernandes. É que a isenção alcança o trabalhador que esteja em atividade, conforme entendimento dos julgados de primeira instância, cujas decisões nesse sentido já foram prolatadas em todo país, devido à convergência de entendimento unânime.

Na verdade, a questão é de fácil compreensão, até porque se dirige ao *ser humano*. A qualificação dada a este pela Lei, de *aposentado, pensionista* ou reformado é destituída de qualquer importância com vistas ao desate da controvérsia. Somente seria possível se o *homem* fosse *coisa em atividade*; o que é, absolutamente, improvável.

De qualquer sorte, a matéria está sendo submetida ao crivo do Supremo Tribunal Federal em razão de sua notoriedade. Em boa hora o Min. Alexandre de Moraes, do Supremo Tribunal Federal-STF, submeteu ao Plenário da

Corte a Ação Direta de Inconstitucionalidade nº 6025, dela decorrente, ao qual competirá a decisão da questão em última e definitiva instância.

Carlos Valder do Nascimento
Doutor em Direito pela Universidade Federal de Pernambuco. Professor de Direto Constitucional e Tributário da Universidade Estadual de Santa Cruz aposentado. Ex-Procurador Seccional da Advocacia-Geral da União. Procurador Federal aposentado.

SUMÁRIO

INTRODUÇÃO
JOSÉ SOUTO MAIOR BORGES 13

I   Considerações preliminares 13
II   A repartição constitucional de competências entre o STF e o STJ 14
III   Onde está a mesma razão deve estar o mesmo dispositivo 16

CAPÍTULO 1
1.1   Contextualização do tema 19
1.2   Disciplina normativa da matéria na CF e na lei 21
1.3   O poder de tributar e sua correlação com o poder de isentar 22
1.4   Sentido da expressão proventos cunhada pela regra 25
1.4.1   Cláusula não excludente dos trabalhadores ativos 27
1.4.2   ossibilidade de alcançar outras patologias 29
1.5   A incompletude do processo legislativo 30
1.6   Posição sistemática do Direito no concerto da ordem pública 34

CAPÍTULO 2
2.1   Dignidade humana como fundamento do Estado 37
2.1.1   Enquanto valor supremo 37
2.1.2   Tratamento isonômico 38
2.1.3   O homem sujeito de proteção constitucional é o titular do direito 41
2.2   O princípio constitucional da igualdade 43
2.3   Ofensa aos postulados constitucionais de ordem axiológica 47

CAPÍTULO 3
3.1   Crítica aos fundamentos que embasam a jurisprudência 53
3.1.1   Circunstâncias especiais 53
3.1.2   Crítica à decisão do Superior Tribunal de Justiça 55
3.1.3   Interpretação literal e sua inadequação ao sistema jurídico 60
3.2   Pressupostos teóricos da iniquidade como paradigma da lei 63

CAPÍTULO 4

4.1 Decisão judicial e seus elementos constitutivos 69
4.2 Aspectos da temática na ótica das categorias aristotélicas – Substância e acidente 72
4.2.1 Rendimentos percebidos por pessoas físicas em face de doença grave – Substância 73
4.2.2 Rendimentos de proventos e reformas enquanto acidente/qualidade 76
4.3 Elementos de uma filosofia pragmática e criação do Direito 79
4.4 Decisões judiciais como salvaguarda dos direitos humanos 85

Considerações Finais 95

REFERÊNCIAS 99

O AUTOR E SUA OBRA 107

INTRODUÇÃO

I Considerações preliminares

Este ensaio de Carlos Valder do Nascimento aborda, com louvável ousadia teórica, tema da maior relevância no âmbito dos estudos jurídicos sobre o tributo. Trata-se da isenção do Imposto de Renda em razão de doença grave. A matéria está disciplinada no art. 6º, da Lei nº 7.713/88, que, na sua formulação expressa, isenta do imposto sobre a renda os proventos de aposentadoria ou reforma percebidos por pessoas físicas decorrentes das doenças nela enumeradas (item XIV). A referência expressamente circunscrita a proventos de aposentadoria coloca problemas exegéticos de significação superlativa.

As isenções são normas de Direito excepcional, no sentido de que excluem do âmbito obrigacional tributário geral certas pessoas (isenções subjetivas) ou situações concretas (isenções objetivas). Preconiza-se para normas excepcionais a sua interpretação com fulcro no art. 111, II, do CTN, que determina a interpretação literal de normas isentantes. A discussão — e oposição a essa disciplina legal — é velha no Direito brasileiro. Nos tempos ditos heroicos do Direito tributário e até após essa época, preconizava-se a interpretação estrita e mesmo restritiva de normas excepcionais. As isenções eram até então entendidas como "privilégios" ou "favores fiscais". Assim, era natural e compreensível fossem elas havidas como susceptíveis a normas estritas e restritivas de interpretação. Em síntese: a interpretação da isenção devia ser literal, tal como preconiza o CTN. Essas circunstâncias e vicissitudes que cercam a exegese da norma excepcional hão de ser entendidas à luz de uma *hermenêutica histórica*, por nós preconizada. É preciso dar o intérprete o passo atrás, retornando, em experiência mental, ao ano de 1966, quando o Código Tributário Nacional foi editado. Quais os fatores que cercaram a sua elaboração, os condicionamentos teóricos desse momento historicamente determinado? É indispensável recompor essas circunstâncias, pena de descaminhos exegéticos. Hoje, porém, não mais se justificam esses preconceitos contra o Direito excepcional. A lei não abandona a regra geral por capricho, mas porque as exigências da excepcionalidade devem prevalecer em determinada hipótese, numa adequada e ponderada avaliação das circunstâncias emergentes. Favores e privilégios fiscais são incompatíveis com a CF de 1988, art. 5º, *caput* e seus itens I (isonomia, o protoprincípio no elenco dos direitos e garantias individuais), instrumentados pela legalidade em geral (item II) e, particularmente, pela legalidade tributária (art. 150, I). Assim, são inadmissíveis os preconceitos contra normas de isenção, abastecidos com fundamento no CTN, art. 111, II. Somos iguais perante a lei e não a rigor diante de atos infralegais.

II A repartição constitucional de competências entre o STF e o STJ

Nos termos da CF de 1988, na cláusula-síntese de seu art. 102, *caput*, compete ao STF "a guarda da Constituição". A competência tópica do STF, nos diversos aspectos em que são discriminadas as suas atribuições, não passa de um desdobramento desse dispositivo-chave para a compreensão da sua competência constitucional. Assim, o art. 102, III, *a, b, c, d*, da CF. Dá-se aí uma reserva da Suprema Corte para julgar as questões constitucionais. Diversamente, o STJ é competente para julgar, em recurso especial, mas as causas vinculadas à *questão federal*, extraconstitucional (CF, art. 105, II e III, *a* e *b*). É dizer: o Direito infraconstitucional.

O problema, que em decorrência da repartição artificial dessa competência judiciária se interpõe, consiste em esclarecer como será possível ao STJ resolver a questão federal sem, explícita ou implicitamente, enfrentar a questão constitucional, i. é, de aplicação da Constituição nas hipóteses que lhe estão submetidas e em que essa aplicação imediata é determinada pela CF. Não se trata, é claro, de exercer controle constitucional, mas aplicar a CF sempre que ela for autoaplicável.

Porque, como ensinava Carlos Cossio, quando se aplica um preceito legal qualquer, aplica-se o sistema jurídico como um todo. Ora, a questão consiste em esclarecer se o art. 111, II, do CTN, ao prescrever a interpretação literal, exclui *ipso facto* os demais métodos ou critérios de interpretação (argumento *a contrario sensu*). Mas esse argumento só se legitima logicamente quando o preceito está vasado num advérbio de modo como "só", "exclusivamente", "unicamente" e outros que tais. É o que nos ensinavam os lógicos, mas o CTN, art. 111, II, não está expresso nesses termos restritivos. Portanto não se lhe deve aplicar as restrições exegéticas de normas excepcionais. Ele deve ser entendido como um ponto de partida. Não como o ponto terminal do processo interpretativo. Dito mais claramente: o art. 111, II, do CTN deve ser, ele próprio, interpretado. É metanorma (norma sobre normas tributárias) e não, a rigor, norma isencional. Não se dirige ao concreto da situação existencial, agora-e-aqui, mas a normas integrativas isentantes, em sua pura abstração. A abstração de normas implica a subtração de efeitos concretos na relação sintática, internormativa.

Por esse, e não outro motivo, a aplicação literal do art. 111, II, implica a exclusão da aplicação do art. 108 do CTN, em cujos termos, na ausência de disposição expressa, a autoridade competente para aplicar a legislação tributária utilizará sucessivamente e na ordem indicada a analogia (item I). E acentua o CTN que o emprego da analogia não poderá resultar na exigência de tributo não previsto em lei (§1º). Em homenagem à consistência e coerência na argumentação, esse dispositivo implicaria vincular, numa relação sintática, a exegese do art. 111, II, como admitindo implicitamente até a analogia (criação do Direito) e não simplesmente a interpretação extensiva: apenas ir o intérprete além da literalidade do preceito, já que a isenção não envolve manifestamente a exigência de tributo (obrigação), mas o seu contrário (exclusão de aplicabilidade da norma obrigacional geral). Esta seria porém tão somente uma hipótese-limite. A legalidade tributária veda a analogia — cobrança de tributo imprevisto em lei — e a proíbe em caráter geral, não apenas na aplicação de normas excepcionais como as de isenção. Permite, no entanto, a interpretação extensiva, porque esta não envolve criação de direito novo, mas correção pelo intérprete e aplicador da imprecisa literalidade do dispositivo.

III Onde está a mesma razão deve estar o mesmo dispositivo

Neste particular, a crítica é bem-vinda e a omissão, intolerável. A determinação da interpretação literal pelo CTN não deve, em hipótese alguma, acarretar a quebra da isonomia. Porque a CF, no seu art. 5º, §1º, prescreve que as suas normas definidoras dos direitos e garantias individuais têm aplicação imediata, não deve a rigor ser estabelecida distinção entre pessoas, acometidas de doença grave, aposentadas (beneficiadas) e em atividade (excluídas). O critério é em si e por si desarrazoado. Mas a aplicação imediata da CF supriria essa lacuna, sem nenhuma contradição, teórica ou exegética.

Porém, foi a repartição constitucional infeliz de competências entre o STF e STJ que acarretou a decisão deste último no RESP nº 778.618 (CE), relatado por um dos seus mais ilustres e justamente admirados membros. Neste julgamento, a Corte assentou a seguinte fundamentação na sua ementa:

> Faz-se mister a edição de lei formal para a concessão de isenções, devendo-se verificar o cumprimento de todos os requisitos estabelecidos pela respectiva lei, para que se efetive a renúncia fiscal.

A conclusão expressa será que a hipótese das pessoas em atividade não se enquadra no art. 111, II, do CTN. Como se constata, a conclusão está alicerçada, nos termos da competência constitucional do STJ, exclusivamente em lei infraconstitucional (o CTN).

Porém, remanesce, ainda assim, o problema de aplicação constitucional, porque a aplicação imediata da isonomia supriria a lacuna expressa na lei analisada e envolveria o cumprimento imediato do art. 5º, §1º. Aplicação imediata é exigência mais estrita do que a autoaplicabilidade dos preceitos constitucionais. Ou bem a CF recebe autoaplicação imediata ou bem se suspende o império da CF, prestigiando a legalidade infraconstitucional (CTN), subvertendo a sintaxe normativa hierárquica entre CF (norma superior) e legalidade integrativa (norma inferior).

Mas é forçoso reconhecer que as restrições constitucionais à competência do STJ e sua indefinição de contornos com relação à do STF estimularam e abasteceram essa interpretação que abstrai a regência constitucional da matéria.

Uma derradeira questão deve ser enfrentada na crítica aos critérios legislativos de interpretação. Luis Recasens Siches é o mais contundente crítico desses critérios. Afirma que o legislador pode emitir os comandos que lhe aprouver. Não porém regras cogentes para a interpretação dos preceitos que ele emite, porque isto implicaria usurpação das atribuições constitucionais do Executivo e do Judiciário.

Essas ponderações antecedentes — todas elas — visam apenas demonstrar que a discussão da matéria está longe de ser pacificada. E serve para acentuar o prazer de leitura desta excelente monografia, importante contribuição para o debate dessas questões e aperfeiçoamento de nossas instituições constitucionais e infraconstitucionais. Este o significado maior da contribuição de Carlos Valder do Nascimento. E pelo que lhe somos devedores e depositários de reconhecido agradecimento.

Recife, Natal de 2010.

José Souto Maior Borges
Professor Honorário na PUC-SP. Advogado.

CAPÍTULO 1

Sumário: 1.1 Contextualização do tema – 1.2 Disciplina normativa da matéria na CF e na lei – 1.3 O poder de tributar e sua correlação com o poder de isentar – 1.4 Sentido da expressão proventos cunhada pela regra – 1.4.1 Cláusula não excludente dos trabalhadores ativos – 1.4.2 Possibilidade de alcançar outras patologias – 1.5 A incompletude do processo legislativo – 1.6 Posição sistemática do Direito no concerto da ordem pública

1.1 Contextualização do tema

O legislador engendrou um arranjo jurídico com o fito de atribuir aos salários e quaisquer outras verbas remuneratórias efeito econômico. Com isso estabeleceu o parâmetro para qualificar a hipótese de incidência do Imposto sobre a Renda e Proventos de Qualquer Natureza. Assim, considerou os subsídios, salários e qualquer remuneração como *espécies* de proventos, sendo que esta última expressão empregou no sentido de gênero.

Nesta linha, fixou desenganadamente uma equação de igualdade entre os ganhos dos trabalhadores de forma geral, ativos e inativos, equiparando as suas remunerações aos proventos. Se assim o fez é porque entendeu que nenhuma diferença havia entre as duas situações, que implicasse tratamento desigual para a consecução do desiderato fiscal.

Por conseguinte, assim agiu com base no poder de tributar deferido aos entes autônomos da Federação pela Constituição da República. Pela mesma forma delimitou o poder de isentar a ser exercido por meio de lei específica de cada um, observadas as mesmas condições da práxis imunitória na órbita dos limites nela estabelecidos.

Disso deduz que a natureza jurídica das isenções guarda estreita correlação com fórmula institucional do tributo em sua esfera própria. Não lhe é diferente o tratamento dispensado pelo sistema jurídico. O regime de ambos: tributar e isentar se socorre da mesma identidade que lhe empresta dimensão constitucional.

Por ilação, pode-se dizer que no poder de tributar acha-se ínsito o poder de isentar, que configura "a abstenção do exercício dessa competência pela via da isenção, em determinadas *circunstâncias excepcionais*"[1] (grifou-se).

Nesse ponto, a Constituição Federal elegeu a lei complementar para dispor sobre isenções, na esteira do seu art. 150, XII "e" e "g". Com isso fixando desenganadamente um elo entre as duas competências, como ensina José Souto Maior Borges:

> Consequentemente estão sujeitas às isenções, pelo ordenamento constitucional tributário, a condicionantes idênticos aos que são estabelecidos para a instituição de tributos. Torna-se manifesta, assim, a interligação entre o regime jurídico do tributo e o das isenções. O poder de isentar é o próprio poder de tributar visto ao inverso.[2]

O termo *proventos* serve aos desígnios tributários e é empregado pela lei complementar para estabelecer a relação obrigacional, na qualidade de fato gerador do Imposto de Renda. A regra da Lei nº 7.713/88 transparece destituída de fundamento ao desqualificá-lo, para efeito de isenção. Esta tem como fato determinante doença grave e, portanto, somente se justifica em face de circunstâncias excepcionais.

---

[1] BORGES, José Souto Maior. *Teoria geral da isenção tributária*. 3. ed. São Paulo: Malheiros, 2007. p. 31.
[2] BORGES, *op. cit.*, p. 31.

Esses elementos serão levados em conta na discussão que constitui, não é outro seu objetivo, a razão deste estudo.

1.2 Disciplina normativa da matéria na CF e na lei

A matéria que regula a concessão de benefícios fiscais insere-se na seção referente às limitações do poder de tributar que, pela dicção da regra consubstanciada no art. 146 da CF, deve ser disciplinada por meio de lei complementar. Assim, para a concessão de isenção a regra dispõe, *in verbis*:

> Qualquer subsídio ou isenção, redução de base de cálculo, concessão de crédito presumido, anistia ou remissão, relativos a impostos, taxas ou contribuições, só poderá ser concedido mediante lei específica federal, estadual ou municipal, que regule exclusivamente as matérias acima enumeradas ou o correspondente tributo ou contribuição, sem prejuízo do disposto no art. 155, §2º, XII, g.

Como se denota, a lei específica de que fala o preceito antes transcrito é a lei complementar. Demonstra essa assertiva o fato de que também ela encarece a necessidade de observância da regra sobre a qual faz referência, cuja redação no texto constitucional está assim vazada:

> Art. 155, XII – cabe à lei complementar: g – regular a forma como, mediante deliberação dos Estados e do Distrito Federal, isenções, incentivos e benefícios fiscais serão concedidos e revogados.

A regra do art. 6º, XIV, da Lei nº 7.713/88 tem a seguinte dicção:

> Art. 6º Ficam isento do imposto de renda os seguintes rendimentos percebidos por pessoas físicas... XIV – os proventos de aposentadoria ou reforma. Motivada por acidentes em serviços

e os percebidos pelos portadores de moléstia profissional, tuberculose ativa, alienação mental, esclerose múltipla, neoplasia maligna, cegueira, hanseníase, paralisia irreversível incapacitante, cardiopatia grave, doença de Parkinson, espondiloartrose, anquilosante, nefropatia grave, hepatopatia grave, estados avançados da doença Paget (osteíte deformante), contaminação por radiação, síndrome da imunodeficiência adquirida, com base em conclusão da medicina especializada, mesmo que a doença tenha sido contraída depois da aposentadoria ou reforma.

1.3 O poder de tributar e sua correlação com o poder de isentar

A Constituição Federal estabelece uma correlação entre o *poder de tributar* e o *poder de isentar*. Isto porque a isenção, na espécie, configura uma decorrência lógica de tributo, a ele se vinculando. Então, há impropriedade quando se atribui ao vocábulo *proventos* denominações diversas, uma abrangente, para efeito de *tributo* e outra, restrita, para efeito de *isenção*, se ambas tem a mesma natureza jurídica. Se assim é, deve prevalecer, nessa hipótese, o conceito de *proventos* formulado pelo CTN.

Sem embargo, não se pode negar que essa formulação normativa, por sua estrutura dicotômica, quebra a harmonia do sistema legal, o que tem levado o Judiciário a se manifestar sobre a matéria, visando à reparação da injustiça, no plano administrativo, perpetrada contra a pessoa humana. É certo que a existência de decisões contrárias a essa tese, carregadas de insensibilidade, portanto, alheias ao drama humano, sob pretexto de lesão a uma imaginária ordem econômica, para suprimir Direito público subjetivo, constitui na mais deslavada tautologia.

O fato que consubstancia a isenção produz um efeito jurídico direto pela não ocorrência da *fattispecie*, entrando, por conseguinte, na esfera dos fatores constitutivos, por força de mandamento constitucional, uma limitação ao poder de tributar. Dir-se-ia então estar-se diante de um fato gerador de caráter negativo, na medida em que retira as pessoas físicas ou jurídicas do alcance da tributação. Entretanto, essa situação está longe da motivação que cabe ao legislador realizar em prol da arrecadação.

A regra matriz do instituto da isenção inibe a expansão fiscal e retira do corpo administrativo a possibilidade de cobrar, restringindo, assim, o campo de abrangência da norma que tipifica o tributo. Então, tangencia o exercício da competência tributária compreendida no âmbito do poder estatal. Desse modo, torna-se legítima qualquer pretensão endereçada à Fazenda Pública exortando-a que se abstenha de exigir a prestação tributária, considerando que essa abstenção configura um imperativo da ordem jurídica justa.

Como se vê, as regras isencionais devem guardar relação de compatibilidade com o princípio da isonomia. Daí, às pessoas físicas portadoras de patologia grave, mesmo que elas não *estejam em atividade*, deve ser dispensado o mesmo tratamento oferecido aos aposentados, reformados e pensionistas. Todos são dotados da mesma qualidade intrínseca e, como tal, não poderão ser discriminados, sob pena de desqualificar sua condição de ser humano.

Há uma nítida manipulação dos fatos que implica, em última análise, ofensa à norma constitucional. Para consertar essa situação, torna-se necessário estabelecer a simetria da regra emanada da lei sob análise. O estudo exige, antes de tudo, compreensão do postulado da sistematização. Sem correlação desses elementos fica difícil fixar o marco da interpretação e aplicação da norma.

O direito à isenção é, pela sua magnitude e em face das circunstâncias especiais de que se reveste no mundo dos fatos, digno de valoração, por isso que se circunscreve ao âmbito dos direitos fundamentais. Por conseguinte, caracteriza-se como "a faculdade de querer e de pretender, atribuída a um sujeito, à qual corresponde uma obrigação por parte dos outros". Nessa linha, seu conteúdo transparece como uma pretensão ou mesmo uma relação obrigacional.[3]

Por esse ângulo, a aplicação da norma posta tem que ser buscada dentro do contexto da ordem jurídica, do qual pode-se extrair os elementos axiológicos que lhes dá conformação. No Direito não há ideia de critérios de interpretação estanque, inclusive, com referência aos diferentes ramos que abarca. Decorrente disso, a metodologia da ciência jurídica há de ser compreendida dentro de uma perspectiva lógico-sistemática em harmonia com o todo do sistema jurídico.

Nesse sentido, o pluralismo metodológico, segundo Ricardo Lobo Torres, tem influência direta sobre os corolários da questão hermenêutica.[4] Para o consagrado autor "a ideia diretriz é a de unidade entre os vários ramos do Direito e as respectivas teorias, unidade essa que não é fechada, por ser rica em sentido". E acrescenta: "O método sistemático não é apenas lógico. Possui dimensão valorativa, pois visa a compreender a norma dentro do sistema jurídico, que é aberto, direcionado para os valores — especialmente a justiça e a segurança — e dotado de historicidade".[5]

A regra isencional sob análise desconsiderou o aspecto da conjugação da materialidade fática do imposto, visto que esta já se acha tipificada. Essa sua tipicidade não é sem sentido, tendo em vista que está perfeitamente delineada no sistema como uma categoria jurídica que não pode ser desfigurada.

---

[3] DEL VECCHIO, Giorgio. *Lições de filosofia do direito*. 4. ed. corr. e actual. Coimbra: Armênio Amado, 1972. v. 2, p. 182.
[4] TORRES, Ricardo Lobo. *Normas de interpretação e integração do direito tributário*. Rio de Janeiro: Forense, 1990. p. 87.
[5] TORRES, *op. cit.*, p. 85.

Portanto, havendo norma definindo o fato imponível como *proventos de qualquer natureza*, este deveria ser considerado, pelo mesmo motivo, para os afeitos da isenção.

Não resta dúvida, pois, que a interpretação literal do texto da lei sem a mínima adequação aos preceitos constitucionais é imprestável, devendo, portanto, ser arguida sua invalidade. Não é razoável dissociar o regime das isenções dos *princípios da isonomia e da dignidade da pessoa humana* e, portanto, da tributação como corolário do poder de tributar. Assim, "os tribunais fiscais estão obrigados à observância e à aplicação da constituição, sob pena de incidirem em denegação da justiça".[6]

1.4 Sentido da expressão proventos cunhada pela regra

O ponto de partida do debate é o desvelar da expressão *proventos* na esfera do poder tributário e de isenção, que encontra ressonância na Constituição Federal, que impõe limites ao seu exercício. O instrumento normativo que estabelece a simetria entre os termos tributar e isentar é a lei complementar, conforme se pode notar da análise do texto constitucional.

O Imposto de Renda toma os proventos, em termos conceituais, em uma acepção lata, na esteira do Código Tributário Nacional, como o elemento material de sua base imponível. Emprega, pois, a expressão no sentido de remuneração, daí incorporar outras espécies que se enquadram nesse conceito de sua estrutura intrínseca.

Por outro lado, o termo *proventos* foi utilizado pelo Código Tributário Nacional para fixar os contornos do fato gerador do Imposto de Renda. A construção encetada pela legislação estabeleceu o parâmetro basilar para o desate da

---

[6] NOGUEIRA, Ruy Barbosa. *Da interpretação e da aplicação das leis tributárias*. 2. ed. São Paulo: José **Bushatsky, 1974**.

controvérsia. Em decorrência desse fato, portanto, a isenção por motivo de reciprocidade deveria alcançar os *trabalhadores da ativa*.

Ora, a lei complementar afirma que *proventos são os valores de qualquer espécie que neles se contém, assim compreendendo os percebidos pelas pessoas físicas, independentemente de estarem ou não aposentadas ou reformadas*. Se a lei ordinária que fixou o benefício fala em proventos pressupõe-se que quis contemplar todas as pessoas ali referidas, embora o que importa é que a questão substantiva tenha como elemento significante a moléstia grave que caracteriza o objeto mesmo da concessão do benefício.

Nesse diapasão, vislumbra-se que dois aspectos dessa problemática avultam da maior importância para evidenciar as contradições embutidas na regra sob exame. O primeiro diz respeito aos proventos, que, para efeito tributário, é decomposto de verbas de qualquer natureza. O outro refere às pessoas físicas tomadas em sua integralidade como contribuinte. Como se vê, no primeiro caso, para a concessão do benefício fiscal excluiu os salários e subsídios, e no segundo, discriminou as pessoas em atividade.

Ora, ao contrário, o quadro patológico grave não atinge somente o aposentado ou o reformado, nem a ele se liga visceralmente, de forma exclusiva. De fato, as pessoas físicas, em circunstâncias idênticas, estão em pé de igualdade e, por isso, a elas, mesmo na ativa deve ser dispensado tratamento isonômico. É de notar-se, ademais, que a isenção, pelas mesmas razões, há de contemplar salários, subsídios e outras espécies remuneratórias.

O direito ao benefício fiscal, enquanto reconhecido àquelas categorias impede que as pessoas físicas, em atividade, portadoras das mesmas patologias sejam dele excluídas. Verdade é que o direito à saúde é um direito público subjetivo e, como tal, constitui dever impostergável do Estado, encargo do qual não pode se furtar, sob pena de conspurcar os postulados maiores em que se alicerça a democracia republicana.

Por conseguinte, a lei não pode adotar conceito ambíguo de proventos, um para tributar e outro para isentar ao sabor da conveniência momentânea, desfigurando, destarte, uma relação de pertinência em que se funda o poder estatal. Essa medida quebra, sem dúvida, a harmonia estruturante da norma pelo casuísmo que encerra seu conteúdo intrínseco.

1.4.1 Cláusula não excludente dos trabalhadores ativos

Em primeiro plano, verifica-se que tal preceito não se coaduna com o texto constitucional pela suas características, que serve ao apelo da prática fazendária do *arrecadar por arrecadar*. Assim, dizer que a lei somente se aplica de modo literal constitui erro de percepção, tendo em vista que se trata de normas de isenção excepcionais. A interpretação extensiva pode ser considerada pelos atores jurídicos.

Não há qualquer restrição ao uso da exegese de caráter extensivo, como de resto a qualquer modo de interpretação. Nesse sentido, normas que timbram por seu caráter de excepcionalidade, tais como as de isenção em razão de fatores circunstanciais, por exemplo, acometimento de grave enfermidade, comportam qualquer método interpretativo, inclusive o extensivo, conforme abalizada doutrina.

As pessoas não podem ser qualificadas simplesmente como autômatos, tendo como parâmetro sua condição obreira, laboriosa e dessa maneira meramente operativa. Ou seja, o que vale não é o se encontrar ou não no serviço ativo, mas a sua personalidade como ser humano, cuja vida constitui a coisa mais importante do planeta. De fato, elas comungam em qualquer latitude do mesmo plano existencial a merecer igualdade de tratamento do Estado de Direito, cuja missão primordial é de se orientar no sentido da busca da realização da justiça.

A existência impregnada pelo fenômeno da materialidade depende, para justificar a sua razão de ser, da espiritualidade como conforto que atende as suas necessidades de bem-estar inerentes à própria condição humana. "Compreender o drama crucial da pessoa com um sério problema de saúde é compreender que o homem vive e se agita no plano universal mergulhado nas possibilidades ditadas pelas condições de sua luta diuturna na persecução de sua sobrevivência".

Nessa perspectiva, o homem não se pauta pela regra literal que gravita na órbita jurídica. De fato, o Direito, como produto do pensamento não se constitui apenas "fenômeno normativo, isolado, abstrato, arrancado da vida, mas ela mesma enquanto convivência humana, coexistência, compreensão compartilhada".[7]

Seja como for, o Direito se recusa ao aprisionamento, à fragmentação e às classificações aleatórias porquanto multifacetado. Imerso nesse processo de transformação se realiza no reconhecimento da totalidade do homem, de sua historicidade e de sua naturalidade, além do seu valor intrínseco.

Soa, portanto, como um desserviço à causa da justiça a interpretação delineada num horizonte reducionista sem qualquer comunicação com a realidade da vida. Deveras, a regra embutida no campo positivo de sua literalidade expõe suas entranhas de forma significativa diante da riqueza das situações suscetíveis de serem tuteladas.

Desenganadamente, a interpretação envolve uma dimensão de grandeza no desvelamento da pesquisa na persecução incansável de uma solução justa no plano da hermenêutica

---

[7] MAMAN, Jeannette Antonios. *Fenomenologia existencial do direito*: crítica do pensamento jurídico brasileiro. 2. ed. São Paulo: Quartier Latin, 2003. p. 78.

plural. "O direito não pode ser concebido como normas que brilham quando violadas, mas como fonte de vida e de realização existencial do indivíduo e da sociedade".[8]

A matéria mereceu tratamento adequado em lugar próprio, dela cuidando o capítulo 3, no qual se desenvolveu uma análise crítica dos fundamentos que embasaram jurisprudência adotada pelo Superior Tribunal de Justiça, à luz da interpretação literal, para o qual se remete o leitor.

1.4.2 Possibilidade de alcançar outras patologias

Doenças há, por outro lado, que não estão descritas legislativamente, e a discussão sobre se a lista contemplada pela lei é *exaustiva ou exemplificativa* se afigura estéril. Tanto que nada impede ao Judiciário examinar em cada caso concreto a exequibilidade de enquadramento da pretensão deduzida para efeito de isenção do Imposto de Renda. Neste caso o que importa é verificar se a patologia se enquadra no conceito de doença grave, mesmo não estando ela prevista no rol elencado pela regra que dispõe sobre a matéria, até porque é razoável admitir-se que ali esteja embutido o direito vindicado.

Não se pode negar, todavia, que o fato tributário isentivo diz respeito a uma situação excepcional gerada por doença que comprometa seriamente a saúde da pessoa. Dentro dessa perspectiva é que a questão deve ser vista e analisada, considerando que a Constituição Federal comete ao Estado o dever de promoção da saúde, que não pode ser negado sob pretexto de aplicação da surrada fórmula da *reserva do possível*.

Registre-se, a propósito, que ao julgar um pleito de isenção relacionado com uma doença não catalogada pela lei, o Superior Tribunal de Justiça, entendendo tratar-se de um pedido de extensão de benefício fiscal, julgou-o improcedente.

---

[8] MAMAN, *op. cit.*, p. 108.

Recorreu, portanto, ao assim decidir, ao procedimento de subsunção do fato à regra, optando de forma equivocada, portanto, pela interpretação gramatical, desprovida de qualquer fundamento científico.

A rigor, a questão não trata de estender benefício não contemplado pela regra examinada, mas de qualificação de doença como grave e, em consequência, seu enquadramento nessa condição. Faltou ao decisório levar em conta, no julgamento, os elementos de ordem axiológica, que, juntamente com o texto legal, devem orientar todo o esforço hermenêutico em direção ao Direito justo.

Quando o magistrado alega ausência de respaldo legal e que ao Judiciário não cabe legislar é porque a sua argumentação se funda na mais obscura linearidade, longe da realidade cambiante. A invocação do art. 111 do CTN para justificar alguma coisa desafia a lógica do razoável. Interpretação implica desvendar o sentido do texto pelo âmbito valorativo, o que revela a impropriedade da regra.

1.5 A incompletude do processo legislativo

A sucessão de fatos protagonizados por políticos e gestores da coisa pública de modo geral, dentro de uma ordem cronológica, dá a exata dimensão do aparelhamento da máquina do Estado, como denuncia a quebra de sigilo de dados armazenados pela Receita Federal. Esse fato serve para alimentar a tese segundo a qual o Estado de Direito não passa de mera figura de retórica, cuja base vem sendo corroída por eventos dessa natureza.

A quebra do sigilo fiscal do cidadão caracteriza um fato grave que, apesar do deboche oficial, vulnera o princípio da privacidade e, portanto, a norma consubstanciada no art. 5º, X, da Constituição Federal. Detecta-se nessa hipótese um desequilíbrio na proteção de direito assegurada pelas constituições que "encerram princípios em que se expressam decisões valorativas que se impõe ao legislador, na medida em que princípios e valores são a mesma coisa".[9]

Para Ricardo Caldas, nessa linha de raciocínio, a substância do denominado Estado de Direito é o

> respeito às normas e o respeito aos direitos fundamentais. Estes são direitos subjetivos que existem por parte do indivíduo perante o Estado, mas que nem por isso deixam de ter um claro conteúdo (direito) na relação Estado-cidadão.[10]

E acrescenta, ainda a esse propósito, que isso vulnera um princípio constitucional, pois assim agindo, o Estado "abandona sua característica de garantidor de direitos e se torna um Estado usurpador". Tal raciocínio baseia-se em trechos do livro *As origens do totalitarismo*, de Hannah Arendt.

O Governo, em todos os níveis, indiferente ao apelo social vem concentrando o poder em detrimento da liberdade individual conspurcada pelo sindicalismo incrustado nos órgãos públicos em busca de privilégios. Fala-se em "interesse público" para ocultar a persecução de fins nem sempre legítimos, sob respaldo de uma argumentação pouco convincente, sobretudo, ultrapassada.

Diante deste cenário, o indivíduo se sente inseguro e sufocado por uma coleta de impostos irracional que parece nunca acabar. A Fazenda Pública exorbita de suas funções, respaldada em pretensa lógica da supremacia do erário sobre o contribuinte, para justificar suas decisões, desqualificando as garantias dos direitos individuais do cidadão, inscritos no capítulo dos direitos fundamentais assegurados pela Constituição Federal.

---

[9] FARALLI, Carla. *A filosofia contemporânea do direito*: temas e desafios. São Paulo: Martins Fontes, 2006. p. 17-18.
[10] CALDAS, Ricardo. A quebra do sigilo fiscal e Estado totalitário. *Folha de S.Paulo*, São Paulo, 2010, Opinião, Caderno Especial.

O Direito positivo tem se revelado insuficiente e, por isso, "só pode ser considerado obrigatório se respaldado em princípios ou razões morais". Dessa forma, Uberto Scarpelli, citado por Carla Faralli, demonstrando seu ceticismo pelo positivismo entendeu que a principiologia será capaz de instrumentalizar o aparato judiciário e por consequência:

> Garantir uma atividade de interpretação do direito que desempenha uma função unificadora similar à desempenhada no passado pelos códigos e pela lei, pois esta parece não oferecer mais aquelas garantias de racionalidade e tutela dos direitos fundamentais que a transformaram no principal instrumento do moderno Estado de direito.[11]

Nessa linha, a interpretação de uma regra jurídica não tangencia o campo da estrita literalidade, tendo a logicidade como seu único elemento fundante da análise textual. Na verdade, essa forma de aplicação da lei, além de colocar à margem a dinâmica social, relega a segundo plano o contexto em que se circunscreve o seu campo de aplicabilidade.

A rigor, embora a lógica não possa impregnar cada decisão judicial, sua imprescindibilidade é indiscutível nesse processo. O espaço por ela deixado pode ser preenchido por uma abordagem dialética e axiológica. Tais requisitos são, sem dúvida, indispensáveis ao manejo e aplicação da norma no plano da razoabilidade para justificar a solução adotada.

Nesse diapasão, Aarnio *apud* Carla Faralli afirma "que as soluções jurídicas particulares sejam conforme a imagem de mundo próprio de certa forma de vida, isto é, dos valores de justiça substancial próprios de determinada sociedade".[12] Assim, sem partilhamento axiológico entre a lei, o julgador e o fato não há como aplicar o Direito.

---

[11] FARALLI, *op. cit.*, p. 19-20.
[12] FARALLI, *op. cit.*, p. 48.

É preciso ter em mente que da própria regra pode emanar a injustiça legal, o que não importa para os teóricos do positivismo ao preconizar a separação do Direito da Moral. Outra corrente liderada pelos pós-positivistas entende que ao Direito, no plano interpretativo, devem ser levados em conta os elementos valorativos e a abordagem dialética.

Ao discorrer sobre o fundamento crítico da autoridade impregnado pela força da lei, Jacques Derrida põe em xeque a regra sob a ótica da justiça, asseverando que:

> O direito não é justiça. O direito é o elemento do cálculo, é justo que haja um direito, mas a justiça é incalculável; e as experiências aporéticas são experiências tão improváveis quanto necessárias da justiça, isto é, momentos em que a decisão entre o justo e o injusto nunca é garantida por uma regra.[13]

O grande desafio de recriação do Direito positivo posto à prova tem no centro do processo decisório judicial seu ponto culminante, forjado no plano da interpretação judicial. Daí, ater-se o juiz ao campo restrito da literalidade é, além de subestimar sua liberdade de convencimento, interferir na esfera de sua autonomia para decidir conforme os predicados da justiça.

Por conseguinte, a lei não pode adotar conceito ambíguo de proventos, um para tributar e outro para isentar ao sabor da conveniência momentânea, desfigurando, destarte, uma ralação de pertinência em que se funda o poder estatal. Essa medida quebra, sem dúvida, a harmonia estruturante da norma pelo casuísmo que encerra seu conteúdo intrínseco.

---

[13] DERRIDA, Jacques. *Força da lei*: o fundamento místico da autoridade. Tradução de Leyla Perrone-Moisés. 2. ed. São Paulo: Martins Fontes, 2010. p. 30.

1.6 Posição sistemática do Direito no concerto da ordem pública

A posição sistemática do Direito no concerto da ordem pública abre ampla perspectiva para o intérprete, pois permite racionalizar a decisão judicial. De sorte que a ele incumbe a reconstrução do "direito do caso mediante um processo de seleção de leis, costumes, normas administrativas, normas constitucionais, princípios e valores".[14]

Aqui, indubitavelmente, a questão posta cuida de um direito fundamental, pois se trata de tutelar um dos bens mais importantes do ser humano: a saúde. Trata-se, portanto, de uma pretensão positiva que deve ser satisfeita pelo Estado, vinculando-se assim à operatividade. Não se pode negar, em razão disso, seu caráter estruturante que engendra uma relação obrigacional entre as pessoas físicas e o Estado.

Importa salientar que os bens que são próprios àquelas pessoas caracterizam-se pelo seu cunho de natureza individual e são, no Estado de Direito, protegidos pelo Direito Constitucional. Dentre eles, cumpre destacar: a alimentação, a moradia, a liberdade e, sobretudo, o que interessa a este estudo, a saúde e a vida. A reivindicação é, nessa hipótese, de cunho positivo por se opor ao Estado inadimplente.

Nessa ótica paradigmática do estado de direito constitucional há limitações ao poder de tributar, seja por imunização, seja por isenção, seja por não incidência e por princípios. Como consequência, a limitação do poder político implica, entre outros aspectos, conforme adverte Ricardo Luis Lorenzetti:

> A experiência histórica ensina que o Estado, pensado para proteger os cidadãos, pode se voltar contra eles e avançar sobre

---

[14] LORENZETTI, Ricardo Luis. *Teoria da decisão judicial*: fundamentos de direito. São Paulo: Revista dos Tribunais, 2009. p. 35.

seus direitos individuais ou a sua própria existência mediante o terrorismo de Estado. Diante disso, o direito acentuou os limites mediante uma concepção baseada no direito internacional dos direitos humanos, concebidos como anteriores à existência do Estado, e, portanto, não derrogáveis.[15]

Para Mieczyslaw Maneli,

A dialética e a retórica representam os dois lados do método democrático de pesquisa num ambiente politicamente livre. O diálogo pressupõe que os participantes não estejam inibidos, caso contrário um apelo à argumentação crítica e ao conhecimento das contradições seria inútil.[16]

Há conexão entre o interpretar e o aplicar direito na práxis jurídica, equação que demanda esforço de compreensão.[17] De fato, "o conhecimento do direito é uma ciência difícil e que não é infusa. Nem sempre é fácil conhecer o direito; ele se apresenta frequentemente sob a forma de fontes concorrentes, mandamentos contraditórios, preceitos obscuros ou incompletos".[18]

Assim, conforme François Rigaux:

Suscita diversos problemas relativos notadamente à hierarquia das fontes e à interpretação de cada uma delas. Todavia, mesmo

---

[15] LORENZETTI, *op. cit.*, p. 331.
[16] MANELI, Mieczyslaw. *A nova retórica de Perelman*: filosofia e metodologia para o século XXI. São Paulo: Manole, 2004. p. 54.
[17] O problema da interpretação que está no centro do raciocínio judiciário não tem por único objeto a inteligência dos termos normativos escritos, emanantes de uma autoridade pública (lei, regulamento, ato administrativo, decisão judiciária, etc.). O costume, os usos, os atos jurídicos privados, os comportamentos individuais, inclusive aqueles que não se revestem de uma forma oral (gestos, silêncios, ações e inações, omissões) oferecem-se à interpretação judiciária (RIGAUX, François. *A lei dos juízes*. São Paulo: Martins Fontes, 2003. p. 306).
[18] RIGAUX, *op. cit.*, p. 306.

que a aplicação do direito suponha um emprego de um método de interpretação, a primeira distinta da segunda.[19]

Por conseguinte, quando dos textos jurídicos prescrevem certos valores morais em seu conteúdo, como, por exemplo, a igualdade e a dignidade da pessoa humana, estes passam a integrá-los.

---

[19] RIGAUX, *op. cit.*, p. 57.

CAPÍTULO 2

Sumário: 2.1 Dignidade humana como fundamento do Estado – **2.1.1** Enquanto valor supremo – **2.1.2** Tratamento isonômico – **2.1.3** O homem sujeito de proteção constitucional é o titular do direito – **2.2** O princípio constitucional da igualdade – **2.3** Ofensa aos postulados constitucionais de ordem axiológica

2.1 Dignidade humana como fundamento do Estado

2.1.1 Enquanto valor supremo

A dignidade da pessoa humana constitui o fundamento do Estado, como "valor absoluto da sociedade, seu elemento axiológico essencial sem o qual o Estado perde sua própria razão de existir",[20] conforme assevera Wambert Gomes Di Lorenzo, acrescentando:

> Não há um direito fundamental ou um direito à dignidade. Esta não é um direito, nem se assenta em qualquer direito. Antes, é sua fonte e fundamento, sendo-lhe anterior e superior. Afirmar a dignidade humana é dizer que esta possui em si mesma direitos e deveres universais, invioláveis e inalienáveis que emanam diretamente de sua natureza.[21]

Para sua materialização a referência valorativa toma corpo na determinação do tratamento jurídico na qualificação de uma isenção do Imposto de Renda que constitui na escolha do pressuposto fático devidamente juridicizado: a doença

---

[20] DI LORENZO, Wambert Gomes. *Teoria do Estado de solidariedade*: da dignidade da pessoa humana aos seus princípios corolários. Rio de Janeiro: Elsevier, 2010. p. 53.
[21] DI LORENZO, *op. cit.*, p. 55.

grave, colocando em relevo a dignidade humana estabelecendo conexão com critérios em que se funda a igualdade.

Discriminar as pessoas em face da sua condição ativa ou não é matéria que ofende a dignidade humana, e, portanto seus direitos fundamentais. Desse modo, não é lícito favorecer apenas quem está fora de atividade e assim possa optar por um segmento dentro de um critério ortodoxo.

O preceito isentivo, conforme se depreende, elegeu a categoria dos inativos e reformados para contemplar com o favor fiscal. Eliminou os que ainda estão na atividade, mesmo quem esteja acometido de moléstia grave. Com essa atitude cria embaraço àqueles que não têm condições de enfrentar o tratamento, determinada pela falta de recursos financeiros para essa finalidade.

Mas, não se pode negar que, além de tudo, a questão do fato gerador isentivo eleito avulta de maior importância. Ora, o que está em causa é a moléstia grave que exige tratamento adequado tanto da pessoa na ativa quanto na inatividade. Assim o entendimento parcial, sem critério lógico, ofende os postulados da isonomia, legalidade e sobremodo, da dignidade humana, todos sediados na Constituição Federal.

2.1.2 Tratamento isonômico

Não versa a matéria como, aliás, de modo equivocado decidiu o STJ de se estender o benefício fiscal ao trabalhador da ativa. Cuida a espécie, isto sim, de tratamento isonômico, pois a lei não pode tratar de forma desigual, quem se encontra na mesma condição de igualdade. Assim interessa apenas, para sua configuração, a realização do pressuposto de fato isentivo, que é a doença grave. Esse é o sentido que se extrai da norma sob análise.

Quanto ao seu aspecto conceitual, o vocábulo *isonomia* caracteriza, segundo o léxico, o "princípio geral do direito segundo o qual todos são iguais perante a lei, não devendo ser feita nenhuma distinção entre pessoas que se envolvem na mesma situação".[22]

O esforço hermenêutico que se pauta na *interpretação literal* torna o princípio da igualdade inútil pela sua transformação numa fórmula vazia. Houve desprezo pelo critério valorativo plasmador do juízo de igualdade para justificar o fim perseguido. A escolha desse critério pode ser tomada em dois planos: "o primeiro plano ou estado em que se decompõe o princípio de igualdade — qualificação das situações como iguais — e o segundo — devem ser tratados igualmente".[23]

Com efeito, a isenção instituída, nesse diapasão, atende uma circunstância especial e é nesse sentido que deve ser compreendida, sob pena de negação de dignidade humana, fundamento do princípio de igualdade, e, bem assim, a negação da própria justiça. Como bem notou Chaim Perelman, citado por Maria da Glória Garcia, "a equalização das condições corresponde a uma visão sintética das situações, contraria a equidade e ao equilíbrio justo e harmonioso da sociedade".[24]

Às pessoas físicas, nessa linha de intelecção atendem os desígnios legais sob a ótica isonômica. Por esse motivo, Hans Kelsen ao estabelecer sua formulação plena, diz: "Quando os indivíduos são iguais — mais rigorosamente: quando os indivíduos e as circunstâncias externas são iguais devem ser tratados igualmente". Trata-se, portanto, de uma exigência da lógica.[25]

Mesmo que a lei não prescrevesse nenhum tratamento igualitário, ainda assim ele subsistiria. Um magistrado, ao

---

[22] HOUAISS, Antônio; VILLAR, Mauro de Salles. *Dicionário Houaiss da língua portuguesa*. Rio de Janeiro: Objetiva, 2001. p. 1657.
[23] GARCIA, Maria da Glória F. P. D. *Estudos sobre o princípio da igualdade*. Coimbra: Almedina, 2005. p. 54.
[24] GARCIA, *op. cit.*, p. 66-67.
[25] KELSEN, Hans. *A justiça e o direito natural*. 2. ed. Coimbra: Armênio Amado, 1979. p. 70.

aplicar a lei, concede isenção ao aposentado e ao reformado, isenção desigual para duas pessoas nas mesmas condições, na exata percepção de Hans Kelsen, vulnera o postulado constitucional da isonomia.

Para Eduardo García de Enterría:

> No es posible ignorar, ciertamente, que la generalidad de la ley es la garantía misma de la igualdad ante la ley un postulado fundamental del Estado de Derecho; y no es posible desconocer tampoco que la abstracción de las leyes formuladas mediante supuestos de hecho abstractos venía a ser en la sociedad liberal como una garantía de la estabilidad del orden jurídico.[26]

Dado o caráter de importância de que se reveste a isenção questionada que o legislador teve em mira a proteção do direito à vida. Decorre dessa premissa básica que a escolha para sua instituição deveu-se a elementos de ordem valorativa e somente estes, portanto, servem para determinar as situações como isonômica. Isso implica dizer que a igualdade configura um conceito vinculado a valores, como assinala Maria da Glória F. P. D. Garcia:

> Na verdade, a qualificação das situações como iguais implica em juízo, juízo que necessariamente envolve valores seja de ordem jurídica, moral, estética, econômica, seja filosófica. A igualdade só vive, ou melhor, só pode viver, num mundo inverso em valores.[27]

As pessoas físicas, que se acham na mesma situação e realizam o mesmo pressuposto fático devem merecer igual tratamento, estão em igualdade de condições dos aposentados e reformados, aptas, portanto, a colher o mesmo benefício da

---

[26] GARCÍA DE ENTERRÍA, Eduardo; MENÉNDEZ MENÉNDEZ, Aurelio. *El derecho, la ley y el juez*: dos estudios. Madrid: Lael, 1997. p. 76-77.
[27] GARCIA, *op. cit.*, p. 49.

isenção. Desse modo, a negativa de sua concessão constitui grave lesão ao princípio da igualdade.

2.1.3 O homem sujeito de proteção constitucional é o titular do direito

Pelo que se infere do texto analisado, verifica-se que o Estado toma, de maneira enviesada, os termos *aposentado e reformado* como categoria substantiva, considerando a doença grave apenas como acidente de percurso na vida. Inversamente, se as circunstâncias modificam a situação fática, esta se inverte, implicando dizer que o acidental passa a se caracterizar como substancial, na medida em que o bem supremo a ser protegido é a vida de um ser humano.

Nesse ponto, pois, tem-se que o indivíduo é sujeito titular do direito à saúde como uma necessidade fundamental. Então, as normas constitucionais se prestam a estabelecer diretrizes maiores visando a sua proteção e promoção, em cuja prestação satisfeita há de se vislumbrar a premissa básica na qual realiza seus fins primordiais.

Alf Ross, citado por Adrian Sgarbi, diz que se o observador "desconhece as regras do jogo de xadrez, não tem como compreender os movimentos realizados pelos jogadores com o manuseio das peças porque tudo sairá como se fosse arbitrário e sem conexão inteligível".[28]

Assim como no xadrez, ou seja, as peças, o tabuleiro e o jogador, e este sem o domínio do jogo efetivo de suas regras e de suas condições não faz o menor sentido nem para quem joga nem para quem tenta uma interpretação. É preciso ter significado e significante.[29]

---

[28] SGARBI, Adrian. *Clássicos de teoria do direito*. Rio de Janeiro: Lumen Juris, 2005. p. 72.
[29] SGARBI, *op. cit.*, p. 72.

Essa cláusula normativa desafia o postulado da moralidade que, por seu caráter discriminatório entre ativo e inativo, não resulta equitativa. Isto porque a garantia de proteção igualitária resta vulnerada por lei casuísta, como bem anota Ronald Dworkin: "Es cierto que la cláusula de la igual protección establece un principio general de moralidad política y que sus intérpretes contemporáneos deben realizar juicios morales si quieren permanecer fieles a ese principio general".[30]

Nessa linha, tem-se que, sob o ângulo da racionalidade da lei, o fundamento da equidade, consoante doutrina Javier Hervada, reside basicamente:

> No fato de que as leis devem ser entendidas como regras razoáveis. Essa é uma característica básica de tudo quanto se refere à lei, a sua aplicação e ao uso dos direitos: é preciso ser razoável. Por isso, um dos traços mais necessários para o jurista é o de ter bom senso. Poder-se-ia dizer que a arte do jurista é a do bom senso aplicada às questões legais e de justiça.[31]

A singela adequação, no plano exegético, do fato à regra jurídica corre sério risco de engendrar um direito injusto. Com efeito, sendo a regra meramente descritiva não tem o condão de nela se conter o Direito, apesar da proliferação de leis pouco ajustadas à realidade. Disso também se apercebeu Michel Villey ao assinalar:

> As regras jurídicas não são direito. O direito é algo que lhes preexiste (jus quod est), objeto de pesquisa permanente e de discussão dialética, com o qual jamais coincidirão nossas fórmulas. Porque as regras descrevem o direito de modo sempre incompleto, seria errado atribuir-lhes uma autoridade absoluta.[32]

---

[30] DWORKIN, Ronald. *Virtud soberana*: la teoría y la práctica de la igualdad. Buenos Aires: Ediciones Paidós Ibérica, 2003. p. 459.
[31] HERVADA, Javier. *O que é direito?*: a moderna resposta do realismo jurídico. São Paulo: Martins Fontes, 2006. p. 11-112.
[32] VILLEY, Michel. *O direito e os direitos humanos*. São Paulo: Martins Fontes, 2007. p. 67.

Tanto isso é verdade que essa atividade redunda em um esforço que concentra maior importância na norma. Entretanto, "o trabalho de subsunção do fato pela norma não é científico nem lógico", até por que: "neste método, sustentam, há uma grave deformação: a norma se converte no relevante, enquanto que o real — as determinações socioeconômicas — resulta irrelevante".[33]

Quem se apega unicamente à letra fria da lei pode não fazer justiça, porque seguramente não é dela que brota o direito: "o direito nasce não da legislação, mas das interpretações das leis ou, ao menos da colaboração entre legislador e intérpretes".[34] Decerto, a decisão padronizada colhida apenas da lei termina, ao enveredar pelo estrito campo do formalismo, por negar o caráter igualitário do direito. O princípio da isonomia não quadra discriminar quem esteja em condições de igualdade e, portanto, coberta pela proteção constitucional, não podendo ser outro o entendimento.

2.2 O princípio constitucional da igualdade

Sendo certo que a igualdade reúne também fatores circunstanciais em seu prol, não menos verdade é que para haver tratamento diferenciado torna-se necessário que este dava ser justificado dentro do sistema legal. A pura e simples aplicação de uma regra, no plano literal, não corresponde à expectativa de uma solução adequada para o caso concreto controvertido.

Como se vê, de uma parte, a norma infraconstitucional que veicula o preceito isentório não exclui outro qualquer tipo de doença grave. Ademais, cumpre notar de igual sorte que também não é excludente das pessoas físicas que estejam

---

[33] GOMEZ, Diego J. Duquelsky. *Entre a lei e o direito*: uma contribuição à teoria do direito alternativo. Rio de Janeiro: Lumen Juris, 2001. p. 82.
[34] GUASTINI, Riccardo. *Das fontes às normas*. Tradução de Edson Bini. São Paulo: Quartier Latin, 2005. p. 262.

em atividade. Nem a interpretação literal, como quer o CTN, autorizar a tanto, pois insuficiente ao fim colimado.

É inquestionável que o princípio da igualdade constitui o corolário do estado Social de Direito preconizado pela Constituição Federal. Deve ser sempre observado, à luz do direito fundamental, na medida em que estabelece o devido equilíbrio entre o contribuinte e o fisco, já que este às vezes age com excesso de poderes em detrimento daquele. A quebra de sigilo bancário de cidadãos brasileiros dá a exata dimensão dessa problemática.

Essa igualdade reflete sem dúvida os valores imanentes ao ser humano em relação ao Direito, pois, conforme Miguel Reale: "cada homem é guiado em sua existência pelo primado de determinado valor, pela supremacia de um foco de estimativa que dá sentido à sua concepção de vida".[35]

Os valores são representativos da vontade da sociedade em busca de sua vocação de liberdade para a realização do seu destino no plano existencial. Daí, a razão maior da importância da dignidade humana na ordem axiológica, elevada à categoria de titular absoluta de direitos fundamentais.

Veja-se nesse sentido a posição de Konrad Hesse:

> Por causa desse caráter duplo, os direitos fundamentais produzem efeito fundamentador de status: como direitos subjetivos, eles determinam e asseguram a situação jurídica do particular em seus fundamentos; como elementos fundamentais (objetivos) da ordem democrática e estatal-jurídica, eles o inserem nessa ordem que, por sua vez, pode ganhar realidade primeiro pela atualização daqueles direitos subjetivos. O status jurídico-constitucional do particular, fundamentado e garantido pelos direitos fundamentais da Lei Fundamental, é um status jurídico material, isto é, um status de conteúdo concretamente

---

[35] REALE, Miguel. *Filosofia do direito*. 12. ed. São Paulo: Saraiva, 1987. p. 37.

determinado que, nem para o particular, nem para os poderes estatais, está ilimitadamente disponível.[36]

Pensa-se como Ives Gandra da Silva Martins que o poder atende aos interesses das corporações que dele se apossa mediante processo eleitoral fisiológico financiado com as receitas do chamado caixa-dois. Disso resulta uma próspera e florescente fonte de recursos para os políticos profissionais em detrimento das políticas públicas, que compete ao Estado implementar em prol da sociedade. Diz o ínclito jurista:

> A história da humanidade é uma permanente luta pelo Poder, travada por homens cuja principal ambição é conquistá-lo, sendo os governos exercidos como bens próprios, sob a pálida e insincera concepção de um Estado a serviço da sociedade que congrega. Tais considerações, mais de natureza política que jurídica, são, todavia, fundamentais para se compreender a imposição tributária, principal instrumento, através da história, para que os detentores do poder nele se mantenham, não sendo a prestação de serviços públicos senão efeito colateral.[37]

Para o notável jurista José Souto Maior Borges, ainda sob a égide da Constituição Federal de 1967, a isenção se subordina ao postulado da isonomia fiscal, como em suas palavras:

> Prisioneiro do significado básico dos signos jurídicos, o intérprete da formulação literal dificilmente alcançará a plenitude do comando legislado, exatamente porque se vê tolhido de buscar a significação contextual e não há texto sem contexto.

---

[36] HESSE, Konrad. *Elementos de direito constitucional da República Federal da Alemanha*. Tradução de Luís Afonso Heck. Porto Alegre: Sergio Antonio Fabris, 1998. p. 230.

[37] MARTINS, Ives Gandra da Silva. Estatuto constitucional do contribuinte: os limites impostos à fiscalização. *In*: ROCHA, Valdir de Oliveira (Coord.). *Grandes questões atuais do direito tributário*. São Paulo, 2006. v. 10, p. 218.

O desprestígio da chamada interpretação literal, como critério isolado de exegese, é algo que dispensa meditações mais sérias, bastando arguir que, prevalecendo como método interpretativo do direito, seríamos forçados a admitir que os meramente alfabetizados, quem sabe com o auxílio de um dicionário de tecnologia jurídica, estariam credenciados a elaborar as substâncias das ordens legisladas, edificando as proporções do significado da lei.[38]

Se dos princípios é que deve ser extraída a validade das regras, vê-se logo que a regra sobre isenção em face de doença grave aponta a lógica do sistema jurídico constitucional tributário. Assim, ao não atender suas diretrizes, extrapola para o campo de total impossibilidade de sua aplicação, que não guarda congruência com ordem jurídica.

Com efeito, o critério eleito pelo CTN de se interpretar de modo literal o texto é destituído de qualquer fundamento científico. Já se disse que o Direito não está somente embutido na regra, mas ligado indissoluvelmente aos valores humanos. Assim, deve ser construída, levando em consideração o caráter pluralista e dialético que encerra a sua estrutura intrínseca, delimitada em função do significante e do significado, na sua perspectiva semântica.

Para Paulo de Barros Carvalho:

A isenção está submetida ao princípio da isonomia fiscal. Não é possível estabelecer-se isenção tributária com violação da regra da igualdade, estabelecida no art. 153, §1º, da Emenda Constitucional nº 1, de 1969. Ora, e o tributo é matéria sob reserva de lei, se a isenção está compreendida no âmbito material do princípio da reserva da lei, nesse caso, a isenção está submetida, sem dúvida alguma, ao princípio da isonomia, ou da igualdade

---

[38] BORGES, José Souto Maior. *Curso de direito tributário*. 17. ed. São Paulo: Saraiva, 2005. p. 108.

fiscal, porque se todos são iguais perante a lei, também a isenção não pode ser estabelecida com violação da regra da igualdade.[39]

2.3 Ofensa aos postulados constitucionais de ordem axiológica

A tarefa de interpretação não é uma simples tarefa, estabelecendo de logo a subsunção do fato à regra, não encerrando, portanto, a leitura do texto de lei, com isso, uma análise de linguagem nele contida. Exige sua dialetização entre a intenção e a realidade, conforme assegura A. Castanheira Neves:

> Ora, contra isto há a opor — e qualquer que seja a validade ou invalidade em geral de um tal platonismo de regras (642) — que as prescrições jurídicas (ou as suas "regras") não operam interpretativamente na realização do direito senão através de uma dialéctica (que, se revela também uma específica e metodológica praxis) entre a sua intencionalidade normativa e a realidade problemático-decidenda (os casos concretos decidendos) que inteiramente lhes recusa aquele platonismo — dialéctica essa em que se traduz verdadeiramente a interpretação como momento daquela realização e em que as prescrições veem afinal constituída a sua significação e o seu sentido juridicamente decisivos.[40]

Daí o poder de legitimar na medida em que considere sua aplicação da norma elementar de natureza axiológica como justificativa de sua obrigatoriedade. É como pensa A. Castanheira Neves alinhado à posição de H. Welzel:

---

[39] CARVALHO, Paulo de Barros. Interpretação das normas sobre isenções e imunidades. In: ATALIBA, Geraldo (Org.). Interpretação no direito tributário. São Paulo: Universidade Católica, 1975. p. 405.
[40] NEVES, A. Castanheira. O actual problema metodológico da interpretação jurídica. Coimbra: Coimbra Ed., 2003. p. 185.

É que, digamo-lo com Sergio Cotta, se "a norma jurídica é sem dúvida uma proposição prescritiva, nem toda a proposição prescritiva é uma norma jurídica", pois uma norma jurídica na sua específica normatividade implica obrigatoriedade e esta, se remete ao valor para além do facto (720), só pode resultar de uma axiologia, não de um mero poder "soberano", só pode fundar-se no dever-ser que o axiológico implica, não simplesmente na eficácia que o poder mobilize ou alcance — "o poder coage, só o valor obriga".[41]

Veja-se nesse sentido a posição de Eduardo García de Enterría:

> Si se quiere mantener la noción más rigurosa del Derecho y establecer el puente de aproximación a lo justo, parece que es de este modo cómo se ha de producir la expansión del sistema. La norma básica material que incorpora aquella dimensión de la moralidad se centra fundamentalmente en la Constitución, en su núcleo esencial, en forma de valores, de principios de organización y de derechos fundamentales (Peces Barba). Es algo más que un Estado de Derecho; es, como se ha dicho también recientemente, un Estado Constitucional. Por primera vez en la época moderna, la ley se subordina a un estrato más alto del Derecho establecido por la Constitución. Los principios y valores constitucionales superiores con fuerza obligatoria, incluso para el legislador, afirman su primacía.[42]

Decerto, esse raciocínio desafia a lógica do razoável pelas contradições que traz em seu bojo. De fato, a técnica a que recorrer o legislador para dispor sobre o poder de tributar e seus limites desafia os cânones da cientificidade. É patente

---

[41] NEVES, op. cit., p. 212.
[42] GARCÍA DE ENTERRÍA, Eduardo; MENÉNDEZ MENÉNDEZ, Aurelio. *El derecho, la ley y el juez*. Madrid: Cuadernos Civitas, 2000. p. 84-85.

a manipulação de conceitos para arrumar situações que aproveita uns em detrimento de outros, na mesma situação, recorrendo, para tanto, ao malabarismo jurídico.

Pelo ângulo vernacular que comporta qualquer investigação não se afigura plausível desprezar os elementos textuais. Isto por que estes fornecem o instrumental dotado do aparato necessário à composição do processo hermenêutico no desvelamento do Direito justo. Nessa perspectiva, compreende a filosofia ou a finalidade social a quem cabe desvendar-lhe o sentido.

O equívoco é manifesto, pois, dentro de uma pauta de valores, não é o Estado que caracteriza o fundamento do Homem, este, isto sim, é que constitui a razão mesma do Estado. O poder pode constranger o cidadão a determinados comportamentos, mas somente os valores condicionam sua postura no seio da coletividade.

A questão substantiva, com supedâneo no direito público subjetivo à saúde, merece a guarida do Judiciário pela justeza da pretensão do benefício da isenção fiscal referida. Há configuração, na espécie, de uma situação fática sintonizada com a ordem valorativa pela relevância de que se reveste. O processo pode viabilizar a concretização desse objetivo tão caro à dignidade humana.

A isenção neste caso, porque atende circunstâncias excepcionais, reveste-se da maior relevância, na medida em que busca remediar a missão do Estado ao abdicar do seu dever indeclinável de prestar saúde. Não é ela, por isso, prerrogativa dos aposentados e reformados ao revés, constitui um direito de todos inscritos na Constituição Federal.

A supremacia do interesse público como fórmula engendrada pela doutrina administrativista para negar de maneira peremptória o direito subjetivo não encontra ressonância no seio da democracia republicana. Não passa de mais um clichê assaz difundido no meio acadêmico, com ares de absoluta certeza, como resultado da cultura manualesca que grassa nos cursos de Direito induzida por um pensamento acrítico dos juristas de plantão.

Como consequência disso, tem-se erigido o Erário ao *status* de intocabilidade, de tal sorte que se põe acima da dignidade humana, que é, sem dúvida, a razão fundamental da existência do próprio Estado. Essa primazia fundada em conjecturas, longe da cientificidade, decorrente de construções mentais, desfaz a estrutura que oferece consistência à realização da justiça.

De fato, o Direito não se nutre da fraseologia que engendra o discurso decisório, plasmado em fórmulas vazias dos enunciados do ordenamento positivo desconectados com o mundo real. Isso leva, inexoravelmente, a uma frustração de expectativas legítimas. Tudo isso a evidenciar uma práxis distante da realidade, na qual a singela subsunção do fato à norma não resolve a questão.

Para Leonel Cesarino Pessôa:

> Tudo se passa como se a tarefa do intérprete fosse a de realizar uma simples subsunção do fato à norma e como se este processo — à medida que a norma esgotaria todas as hipóteses interpretativas — não envolvesse problemas maiores.
>
> Segundo Emilio Betti, a teoria positivista do direito erra porque, conduzindo seu ideal de segurança jurídica e certeza do direito às últimas consequências, termina por ver na lei uma vontade que, uma vez expressa, deve valer para sempre na forma como foi expressa. Para o jurista italiano, essa teoria não prevê uma maneira pela qual o aplicador do direito possa lidar com as situações novas, com conflitos de interesses que não haviam sido previstos pelo legislador inicial.[43]

---

[43] PESSÔA, Leonel Cesarino. *A teoria da interpretação jurídica de Emilio Betti*: uma contribuição à história do pensamento jurídico moderno. Porto Alegre: Sergio Antonio Fabris, 2002. p. 21-22.

Os intérpretes da literalidade não se dão conta da insuficiência de colher o sentido da lei em uma ótica míope. O Direito não se esgota na regra aprisionada pelo reducionismo senão pelo elemento valorativo da ordem jurídica. O esvaziamento dos postulados republicanos abortados por iniciativas inconciliáveis com o regime democrático impõe um confinamento no qual pontifica um poder coercitivo que coage uns e outros, não porque destituído de fundamento ético.

Por seu turno, o Direito não é como pensam os positivistas empedernidos, mera partícula normativa ínsita no texto da lei, que por si só seja capaz de dar solução justa a casos complexos. Daí, não ser aconselhável sua apreensão sob uma perspectiva linear limitativa de sua compreensão no plano da objetividade jurídica. Assim, sua práxis deve ser exercitada sem perder de vista a finalidade social que busca cumprir no momento de sua interpretação e aplicabilidade.

Com efeito, esse endeusamento exagerado do Estado, elevando-o ao patamar de ente de supremacia absoluta diante do homem, seu criador, desafia a lógica do razoável. Por isso, é preciso repensar a processualística promovendo a mudança estrutural do sistema em vigor, emperrada pela burocracia que nutre seu funcionamento. As questões mais simples levam anos a fio para que tenham seu desfecho.

CAPÍTULO 3

Sumário: 3.1 Crítica aos fundamentos que embasam a jurisprudência – **3.1.1** Circunstâncias especiais – **3.1.2** Crítica à decisão do Superior Tribunal de Justiça – **3.1.3** Interpretação literal e sua inadequação ao sistema jurídico – **3.2** Pressupostos teóricos da iniquidade como paradigma da lei

3.1 Crítica aos fundamentos que embasam a jurisprudência

3.1.1 Circunstâncias especiais

Os julgados do STJ, com supedâneo o inc. II, art. 111, do CTN tem negado a concessão de isenção do Imposto de Renda às pessoas em atividade. Para tanto, recorre à interpretação literal,[44] bem como à exclusão de pedido extensivo, para justificar o procedimento decisório. O esforço exegético se funda unicamente na submissão do fato à norma, isto é, no texto expresso da lei. Esse é o panorama que envolve a questão posta sob o crivo do Judiciário.

O Direito não se basta dentro do conteúdo literal da lei equidistante dos fatores emanados da filosofia moral, que deve encarnar o discurso jurídico. O positivismo não mais responde aos anseios da sociedade em face da complexidade de suas relações cotidianas e pela exigência dos novos paradigmas ditados pelo mundo contemporâneo. Diante disso, o poder

---

[44] Qualquer um que pense que existe somente uma interpretação e aplicação racional de uma determinada norma cai na armadilha do dogmatismo. Os dogmáticos e absolutistas podem ser consistentes e lógicos, mas não são nem humanos nem razoáveis. *Errare humanum est!* Os erros que resultam de discussões e controvérsias não são totalmente irracionais. Contudo, os erros resultantes do dogmatismo, da consistência absoluta e de deduções supostamente lógicas e racionalistas podem ser irracionais, e mais: podem ser arrasadoramente desumanos (MANELI, *op. cit.*, p. 166).

jurisdicional carece de qualificação a fim de que os magistrados, em suas decisões, contribuam efetivamente para a realização da justiça.

Nessa acepção não colhe a interpretação tupiniquim, timbrada pelo seu caráter de literalidade a oferecer solução justa à questão. Na verdade, como mero observador da cena jurídica, por desconhecer as regras do jogo e seus elementos imprescindíveis ao processo interpretativo, corre o risco de tirar conclusões equivocadas, descontextualizadas, comprometendo a compreensão da regra matriz do Direito vigente que se afigura a sua condição relacional.

Ao aferir a problemática metodológica da ciência do Direito, Karl Larenz invoca a necessidade de compreensão do texto pelo intérprete para delimitar seu conteúdo, como em suas palavras:

> O intérprete tem presente os diferentes significados possíveis de um termo ou de uma sequência de palavras e pergunta-se sobre qual é aqui o significado correto. Para tal, interroga o contexto textual e o seu próprio conhecimento do objeto de que no texto se trata, examina a situação que deu origem ao texto ou ao seu discurso assim como outras circunstâncias hermenêuticas relevantes que possam ser consideradas como indícios relativamente ao significado procurado.[45]

Mas, se assim é, há que declinar então que esse modo de interpretar não tem o menor cabimento. Isso porque o critério adotado pela decisão não guarda pertinência com o fim colimado pela norma e, portanto, não é razoável. Desse modo, se admitindo a razão do julgado, lesiona o direito à saúde pelo descompromisso com o bem-estar social, que cabe ao estado propiciar a todos sem qualquer distinção de forma qualitativa.

---

[45] LARENZ, Karl. *Metodologia da ciência do direito*. 3. ed. Lisboa: Fundação Calouste Gulbekian, 1997. p. 283.

3.1.2 Crítica à decisão do Superior Tribunal de Justiça

Segundo a posição do Superior Tribunal de Justiça, consubstanciada no bojo do Resp. nº 778.618/CE: faz-se mister a edição de lei formal para a concessão de isenções, devendo-se verificar o cumprimento de todos os requisitos estabelecidos pela respectiva lei, para que se efetive a renúncia fiscal. Conclui pela impossibilidade de se recorrer à interpretação analógica ou extensiva para o desate da controvérsia.

TRIBUTÁRIO. RECURSO ESPECIAL. IMPOSTO DE RENDA. ISENÇÃO. DISSÍDIO JURISPRUDENCIAL NÃO COMPROVADO. SERVIDOR PÚBLICO EM ATIVIDADE PORTADOR DE MOLÉSTIA GRAVE. ART 6° DA LEI 7.713/88. BENEFÍCIO RECONHECIDO A PARTIR DA APOSENTADORIA.

A divergência jurisprudencial, ensejadora de conhecimento do recurso especial, deve ser devidamente demonstrada, conforme as exigências do parágrafo único do art. 541 do CPC, c/c o art. 255 e seus parágrafos, do RISTJ.

Faz-se mister a edição de lei formal para a concessão de isenções, devendo-se verificar o cumprimento de todos os requisitos estabelecidos pela respectiva lei, para que se efetive a renúncia fiscal.

O conteúdo normativo do art. 6°, XIV, da lei 7.713/88, é explícito ao conceder o benefício fiscal em favor dos aposentados portadores de moléstia grave.

Consectariamente tem-se a impossibilidade de interpretação das normas concessivas de isenção de forma analógica ou extensiva, restando consolidado entendimento no sentido de descaber a extensão do aludido benefício à situação que não se enquadre no texto expresso da lei, em conformidade com o estatuído pelo art. 111, II, do CTN. Recurso especial desprovido.[46]

---

[46] REsp nº 778.618/CE, Relator Ministro Luis Fux, *DJ*, 28 abr. 2006, p. 278, *RSTJ*, v. 211, p. 85.

Colhe-se desse raciocínio linear, esvaziado de critério lógico sistemático, uma exacerbada preocupação com o normativismo, próprio dos processualistas empedernidos, que dão mais importância à forma do que à essência. Essa maneira de decidir coloca a interpretação da lei, unicamente, como fórmula extrema de argumentação para justificar o julgado.

Ressalte-se, todavia, que esse processo não condiz com a necessidade premente de se interpretar e aplicar o Direito dentro de uma perspectiva axiológica na adequação das regras aos fatos. Isto porque a interpretação, segundo o juiz e professor norte-americano, Richard A. Posner, "a interpretação da lei é extremamente sensível às teorias do processo legislativo e, como se trata de teorias públicas controversas, não fornecem bases sólidas para as decisões judiciais".[47]

Como se observa, as regras jurídicas, como de modo específico as regras processuais, por serem meramente instrumentais, podem sofrer contestação e modificações de seu texto original. Isto é que dá a dimensão pragmática do Direito, o Direito a serviço das necessidades humanas.

Ainda por sua vez, Richard Posner entende que o Direito não caracteriza um texto sagrado, mas, sobretudo, uma prática social, asseverando: "A solidez das interpretações jurídicas e de outras proposições jurídicas é mais bem dimensionada, portanto, através do exame de suas consequências para o universo dos fatos".[48]

Interpretar o Direito sob o estrito ponto de vista da literalidade implica nítido desprezo pelos fatos, cuja importância fundamental para tanto, ninguém pode negar, pois, somente a partir deles é que a decisão judicial deve ser prolatada.

---

[47] POSNER. *Problemas de filosofia do direito*, p. 391.
[48] POSNER, *op. cit.*, p. 41; FISS, Owen. *Um novo processo civil*: estudos norte-americanos sobre jurisdição, Constituição e sociedade. São Paulo: Revista dos Tribunais, 2004.

Para Jules Coleman e Brian Leiter:

Com certeza, o limite do problema, e a de indeterminação resultante das lacunas será diminuído pelo enriquecimento contínuo do conjunto de padrões e fontes autorizadas; ainda assim, não pode ser inteiramente eliminado. Sempre haverá lacunas no Direito.[49]

Ao reconhecer as deficiências interpretativas, em sua obra *O império do direito*, Ronald Dworkin aduz de forma enfática:

O direito não é esgotado por nenhum catálogo de regras ou princípios, cada qual com seu próprio domínio sobre uma diferente esfera de comportamentos. Tampouco por alguma lista de autoridades com seus poderes sobre parte de nossas vidas. O império do direito é definido pela atitude, não pelo território, o poder ou processo.[50]

O julgado incorre em excesso de normatividade, já que parte da premissa equivocada de que a lei formal está isenta de lacunas. Não é assim, até porque o Direito timbra pelo seu caráter de indeterminação diante da quantidade exagerada de leis que povoam o universo jurídico e dessa forma evidencia sua impotência para o equacionamento das querelas jurídicas de toda ordem.

Os atores da cena jurídica, de uma maneira geral, estão despreparados para a arte de bem interpretar o Direito, porque imbuídos de uma cultura centrada, exclusivamente, na leitura

---

[49] COLEMAN, Jules; LEITER, Brian. Determinação, objetividade e autoridade. In: MARMOR, Andrei (Ed.). *Direito e interpretação*: ensaios de filosofia do direito. São Paulo: Martins Fontes, 2000. p. 327.
[50] DWORKIN, Ronald. *O império do direito*. São Paulo: Martins Fontes, 1999. p. 292.

do texto da lei. O notório saber jurídico perdeu o brilho para o lobby dos candidatos, bastando a chancela da influência política para atestá-lo. Isso tem refletido na qualidade de alguns julgados que não acolhem os elementos axiológicos em sua fundamentação substantiva.

Afastar a regra iníqua, pois não é obrigado a tanto porque a iniquidade jamais poderá encarnar o Direito. Isso não é ideológico, constitui um simples processo de aprendizagem da linguagem jurídica na persecução do sentido de norma.

A regra da interpretação literal estatuída no CTN é regra no plano das heresias e, por isso, não habita o mundo jurídico, mas o mundo das tautologias. A literalidade da lei, por ser regra conspurcatória dos desígnios constitucionais, é inaplicável ao direito de isenção tributária em face do seu caráter de excepcionalidade, porquanto "representa um retrocesso e um injustificado preconceito no tratamento legislativo das leis de isenção".[51]

Por seu conteúdo insustentável, macula o texto constitucional, por não guardar nenhuma compatibilidade com os princípios da isonomia e da dignidade da pessoa humana. De igual sorte opera desconforme com os arts. 5º *caput* e inc. I; 145, §2º; e 150, II, todos da Constituição. Tecendo severa crítica ao critério literal legislativo de interpretação em matéria de isenção tributária, torna-se oportuno transcrever a posição enfática de José Souto Maior Borges, nestes termos:

> Prescreve o CTN, art. 111, II, como visto, que as isenções hão de ser interpretadas literalmente. É nenhuma a eficácia entendida como susceptibilidade à produção de efeitos jurídicos — desse dispositivo.
>
> Primeiro, porque ele não diz que as isenções somente devem ser interpretadas literalmente, única hipótese em que

---
[51] BORGES, 2007, p. 131.

a restrição exegética seria cabível, porque o advérbio modal funcionaria analogicamente, no dizer de Kalinowski, como um "quantificador". Só então, por uma aplicação do argumento a contrário sensu, todos os demais métodos de interpretação, porque não contemplados no art. 111, II, estariam pré-excluídos, o que formalmente não se constata. Da afirmação de que cabe a interpretação literal não deve, portanto, inferir que descabe qualquer outro método de interpretação. Assim, demonstra-se que esse dispositivo deve ser ele próprio interpretado. Mas a doutrina do direito tributário desconhece essa exigência elementar ao comentar o CTN, art. 111, II (supra, §3º).

Segundo, porque o legislador, no âmbito de sua competência, pode regular como lhe aprouver, a conduta humana. O que não lhe é permitido, num regime de tripartição de poder, é ditar, para os órgãos aplicadores do judiciário e mesmo do executivo, o modo de interpretação dos preceitos que ele emite.

Terceiro, porque a interpretação literal é apenas o estágio inicial da exegese — nunca o seu ponto terminal. Impossível juridicamente interpretar um texto com abstração do seu contexto normativo. Como diria belamente Cossio: quem aplica uma norma, aplica o ordenamento jurídico todo. Interpretar literalmente vale tanto quanto interpretar um texto assistematicamente. O mesmo é dizer, com abstração do seu contexto, ou seja, desconsiderando as implicações necessárias de sintaxe normativa (relações de várias normas entre si), o que é juridicamente inviável.

Quarto, porque esse dispositivo é apenas um resíduo da velha concepção, historicamente superada, mera arqueologia jurídica, da isenção como favor ou privilégio fiscal, hoje incompatível com a CF, arts. 5º caput e inciso I, 145, §2º, e 150, II, combinados. Se é favor ou privilégio, a isenção deve ser interpretada estritamente.[52]

---

[52] BORGES, 2007, p. 131-132.

3.1.3 Interpretação literal e sua inadequação ao sistema jurídico

A procedimentalidade[53] jurisprudencial caracteriza-se pela discussão dos atores jurídicos plasmada em uma esfera de atuação impregnada de certa autonomia formal. Apesar disso, os juízes em face da independência para decidir não podem ficar vinculados aos julgados desconectados com o mundo da realidade estuante de vida.

Nessa linha, embora o texto legal veicule regra dotada de coercitividade como um de seus elementos constitutivos intrínsecos, que interessa à ciência, não pode ser tomado de forma absoluta. Na verdade, constitui "un mero material, el cual puede aún ser interpretado, sobre cuya eficacia todavía cabe discusión. Puede existir una divergencia entre derecho y la ley".[54]

---

[53] Transparece, desse modo, uma consideração formal do Direito em geral, particularmente grave no campo processual, notando-se a tendência a ver o processo não como meio eficaz de solução de problemas emergentes do inter-relacionamento humano, mas como fim em si mesmo. Daí o surgimento de toda uma legião de *procedimentalistas*, sempre pronta à discussão no plano conceitual, em que medram distinções e subdistinções sibilinas, convocada sempre que se pretende postergar a solução judicial.
Esse modo de pensar e agir tem contribuído para a obstrução do judiciário, que se vê tolhido em seu poder decisório, do que decorrem sérias consequências sociais, dentre elas avultando a descrença crescente com que vem sendo visto pelo povo. Demais, a ênfase no trato prevalentemente conceitual do direito tem aguçado sua função conservadora, privilegiando-a em excesso, levando a esquecer a importância de sua função transformadora, sempre reclamada pela evolução social.
Esse modo restrito de conceber a aplicação do direito, que minimiza as virtualidades da atuação do judiciário e esvazia o processo hermenêutico, relaciona-se com o modelo positivista prevalente em nosso ensino jurídico, que absolutiza o respeito à lei, à vontade do legislador, e limita o raciocínio jurídico aos parâmetros da lógica formal. Pretende-se, com este paradigma, favorecer a segurança jurídica. A consecução deste objetivo é, no entanto, duvidosa, na medida em que, preconizando deva o juiz prescindir de questionar o significado da mensagem legal, tolhe seu trabalho de adequação da lei aos fatos, bem como a discriminação dos diferentes resultados possíveis dele resultantes, de modo a poder optar por aquele que melhor concilie as exigências do ordenamento jurídico com a necessidade de realização da justiça no caso concreto (AZEVEDO, Plauto Faraco de. *Aplicação do direito e contexto social*. 2. ed. São Paulo: Revista dos Tribunais, 2000. p. 121-122).

[54] LASK, Emil. *Filosofía jurídica*. Buenos Aires: Euro, 2008. p. 83.

Para Emil Lask:

> No la ley, sino el derecho, constituye el objeto de la ciencia jurídica. La ley, juntamente con el derecho consuetudinario, con la aplicación judicial de la ley y con otros puntos de apoyo, no es nada más que uno de los indicios de los cuales la jurisprudencia debe obtener primero, mediante un esfuerzo en parte creador, el sistema que se encuentra tras de las normas realmente válidas.[55]

Como se vê, o papel de juiz avulta como da maior importância que, no plano interpretativo, não pode ser engessado, pois, conforme Samantha Chantal, citada por Borges

> Nem se diga que o direito positivo delimita, tão somente ele, o conteúdo substantivo da decisão judicial. Com efeito, o agir do juiz é demarcado pelo contexto cultural em que se insere como resultado de fatores colhidos da prática jurídica plasmada na dialética. É inquestionável que "Ninguém julga nada fora do seu tempo e de sua história de vida e, de formação social".[56]

A dialética na ótica da nova retórica de Perelman, conforme Maneli Mieczyslaw, circunscrita ao âmbito metodológico, dirige-se à pesquisa livre, tendo a retórica como forma adequada da argumentação, fruto do diálogo dos atores jurídicos. Este "pressupõe que os participantes não estejam inibidos, caso contrário um apelo à argumentação crítica e ao conhecimento das contradições seria inútil".[57]

As proposições jurídicas aplicáveis aos eventos fáticos oferecem sempre um norte ao intérprete, tendo em vista que seu enunciado revela-se apenas descritivo do tipo, cujas notas características nele indicadas nem sempre estão presentes.

---

[55] LASK, *op. cit.*, p. 83.
[56] BORGES, Wilson Hilário. *Decisão social e decisão jurídica*: uma teoria crítico-historicista. Jabaquara, SP: Germinal, 2000. p. 336.
[57] MANELI, *op. cit.*, p. 54.

A interpretação gramatical depende, para sua configuração, de utilização de outros critérios, fontes e princípios previstos pela ordem jurídica, pois, conforme Limongi França, "por si só, é insuficiente para conduzir o intérprete a um resultado conclusivo, sendo necessário que os elementos por ele fornecidos sejam articulados com os demais, propiciados pelas outras espécies de interpretações".[58]

Veja-se nesse mesmo sentido a posição de Recaséns Siches, citado por Manoel Messias Peixinho:

> Constituye un imposible, porque interpretación literal es un absurdo, tanto como el intento de pensar en un cuadrado redondo, y que si es interpretación no puede ser literal, y se es literal, no es interpretación.[59]

A lei na construção do intérprete revela a lógica do seu pensamento, alinhado aos elementos colhidos de sua historicidade. Cumpre-lhe responder aos questionamentos ditados em face das exigências da sociedade, no curso de sua vigência. Decerto para atender a novas demandas jurídicas impostas pela práxis, deve-se extrair do pensamento da lei o sentido mais razoável, isonômico, à luz das transformações qualitativas que se operam no seio da sociedade.

Segundo Francesco Ferrara:

> Entender uma lei, portanto, não é somente aferrar de modo mecânico o sentido aparente e imediato que resulta da conexão verbal, é indagar com profundeza o pensamento legislativo, descer da superfície verbal ao conceito íntimo que o texto

---

[58] FRANÇA, R. Limongi. *Hermenêutica jurídica*. 2. ed. São Paulo: Saraiva, 1988. p. 27.
[59] PEIXINHO, Manoel Messias. *A interpretação da Constituição e os princípios fundamentais*: elementos para uma hermenêutica constitucional renovada. 3. ed. Rio de Janeiro: Lumen Juris, 2003. p. 35.

encerra e desenvolvê-lo em todas as suas direções possíveis: scire leges non hoc est verba earum tenere, sed vim ac potestatem (17, Dig. 1, 3).[60] O sentido literal é incerto, hipotético, equívoco. Também os que actuam in fraudem legis observam o sentido literal da lei, e, no entanto, violam o seu espírito. Como ajuda, integração e controle da interpretação gramatical serve a interpretação lógica.[61]

3.2 Pressupostos teóricos da iniquidade como paradigma da lei

Há julgados tão distantes da realidade do mundo vivo que não merecem nenhuma referência. O único mérito para sua divulgação é colocá-los em evidência, a fim de mostrar sua incoerência por fundados em um formalismo exacerbado e decadente: "Si el Derecho en el marco del Estado social de nuestros dias tiende a assumir una función instrumental para la consecución de fines y metas sociales, parece cosecuente que el jurista haya de atender también esta dimensión".[62]

Retirados, pois, das entranhas da iniquidade, revelam de maneira dramática no seio da sociedade a face cruel da injustiça perpetrada pela jurisdição, cuja visão interpretativa não vai além do texto da lei. A aplicação gramatical da regra não cabe em tribunal superior, pois a ele compete com absoluta prioridade fazer justiça.

O exame da questão exige a presença dos predicados valorativos para aferição do seu âmago substantivo na ótica da equidade. Não se circunscreve, como decidiu o STJ, ao âmbito da extensividade, ou seja, a reivindicação não é de

---

[60] FERRARA, Francesco. *Interpretação e aplicação das leis*. 3. ed. Coimbra: Armênio Amado, 1978. p. 128.
[61] FERRARA, *op. cit.*, p. 140.
[62] MARCILLA CÓRDOBA, Gema. *Racionalidad legislativa*: crisis de la ley y nueva ciencia de la legislación. Madrid: Centro de Estudios Políticos y Constitucionales, 2005. p. 262.

se estender o benefício a um sujeito diferente. O sujeito é o mesmo: a pessoa física e isso está na lei endeusada pelos positivistas, embora, diga-se com ênfase, a hipótese é de tratamento isonômico.

O julgado confunde a arte de compreender — interpretar e aplicar o Direito — com o legislar do juiz de forma positiva, sob pretexto de que estaria criando uma terceira norma, afastando a incidência do princípio da isonomia.

Além de superficial, a análise nega, peremptoriamente, a harmonia da ordem jurídica, que carece pelo menos de uma interpretação lógico-sistemática para sua melhor compreensão.

O julgado põe, de forma dramática, seu singelo texto de gramática legal acima da isonomia e da dignidade humana, ou seja, acolhe o formalismo como regra suprema a serviço do legítimo interesse do Estado. Assim, professa a filosofia de que a tributação deve prevalecer, a qualquer custo, diante de princípios constitucionais protetivos dos direitos fundamentais da pessoa humana.

Por todo o exposto, verifica-se, em razão disso, que o Direito não é produto exclusivo da lei, mesmo porque esta, por si só, não é capaz de dar respostas satisfatórias a inúmeras situações vivenciadas pela prática judiciária. Sendo assim, a lei sobressai-se, na advertência de Roberto Lyra Filho, como mero acidente no processo jurídico:

> A identificação entre Direito e lei pertence, aliás, ao repertório ideológico do Estado, pois na sua posição privilegiada ele desejaria convencer-nos de que cessaram as contradições, que o poder atende ao povo em geral e tudo o que vem dali é imaculadamente jurídico, não havendo Direito a procurar além ou acima das leis.[63]

---

[63] LYRA FILHO, Roberto. Direito e lei. In: SOUZA JÚNIOR, José Geraldo de (Org.). Introdução crítica ao direito. 4. ed. Brasília: Ed. UnB, 1993. p. 47. (Série o direito achado na rua, v. 1).

O pós-positivismo ao fomentar a ideologia axiológica no plano da normatividade, tenta implementar, por sua vez, o enlace ético-jurídico, trazendo ao mundo do debate a questão pertinente ao ideário de justiça, que vai possibilitar a concretização dos princípios, "assim nominados os valores compartilhados pela sociedade em um dado momento e lugar".[64]

Os princípios[65] sobressaem-se pelo caráter de abrangência que encerram no campo da eficácia. "Além de condensarem valores, dão unidade ao sistema jurídico e condicionam o trabalho interpretativo". Daí, ter o pós-positivismo indicado a principiologia como norte do processo hermenêutico constitucional, proporcionando ao Poder Judiciário alternativas na tomada de decisões sem se ater exclusivamente ao enunciado das leis.

O Direito não pode ser entendido apenas como uma construção jurídico-estatal, isto é, pelo ângulo da lei. A adoção dessa forma impede a percepção do fenômeno jurídico em sua plenitude. Pois, como anota Rosana Bisol:

> Assim, o Estado contemporâneo configura no direito positivo uma forma da organização que lhe empresta aparência de neutralidade, permitindo-lhe ocultar as verdadeiras relações de poder e dominação. Este artifício possibilitou à burguesia cooptar valores revolucionários como os de igualdade e liberdade através de uma forma aparente, para um tipo de organização social em que os homens não são efetivamente livres nem materialmente iguais, salvo na pura forma da lei. O verdadeiro fundamento

---

[64] *Princípios e garantias constitucionais do processo.* Disponível em: http://www.stj.gov.br/discursos. Acesso em: 29 maio 2004.
[65] Es decir, de las normas derivadas del poder (político) institucional es una doble vertiente: primero, del poder legislativo — con la presencia del ejecutivo —, de manera fundamental y como impulsor, desde y en base a la constitución, de todo el sistema, y, después, del poder jurisdiccional interpretando y aplicando toles normas y el conjunto de las otras fuentes del Derecho, incluyendo los principios (generales) reconocidos por la constitución y por las leyes para la resolución de los casos concretos planteados (DÍAZ, Elías. *Curso de filosofía del derecho.* Madrid: Marcial Pons, 1998. p. 86-87).

dessa concepção é o da dominação pela força, onde o direito e o Estado constituem-se em instrumentos para a manutenção e reprodução desse tipo de denominação.[66]

A teoria do Direito dogmático, estático e puro tem sua inserção apenas numa sociedade estável. Inaplicável, portanto, numa sociedade em constante mutação, exigente de uma compreensão do seu dinamismo e complexidade, tendo presentes os valores conflitantes encontradiços em seu seio, que emprestam maior relevo à vida do Direito nos planos interno e externo.

O Direito somente faz sentido se posto a serviço do real, do cotidiano, do humano, a compartilhar da dinâmica social. Como se vê, a decisão jurídica não se caracteriza pela simplicidade do seu conteúdo ideológico, enquanto processo real de vida. Nela pode se vislumbrar "a função de um conjunto de atos humanos, normas jurídicas — ou um entendimento do Direito —, valor, comunicação e materialidade".[67] Como Direito aplicado, portanto, manifestação do jurídico, configura a reunião dos elementos absorvidos dialeticamente, responsáveis pela decisão no campo da juridicidade.

Tanto que José Eduardo C. de Oliveira Faria denuncia a valorização, no plano da abordagem sistemática e lógico-dedutiva, do princípio da autoridade, aduzindo:

> A opinião dos "preclaros mestres" e "insignes doutores", todos citados aos borbotões como pretexto para demonstração de uma erudição sem peso teórico, recheando, manuais e livros — além de servir para engrossar teses acadêmicas de professores sem inspiração, abrindo caminho para que o "pedantismo da ligeireza" sirva de critério para o prevalecimento de um tipo

---

[66] BISOL, Rosana. Dialética social do direito. In: SOUZA JÚNIOR, José Geraldo (Org.). Introdução crítica ao direito. 4. ed. Brasília: Ed. UnB, 1993. p. 35. (Série o direito achado na rua, v. 1).
[67] BORGES, 2000, p. 326.

modal de mestre acrítico e subserviente aos clichês predominantes entre os juristas de ofício.[68]

Parafraseando Platão, que entendia que a verdadeira lei é somente a justa, e não a injusta, ainda que os ignorantes tenham esta última como lei, se poderia dizer que a decisão iníqua é repelida pelo jurista em sintonia com a realidade e pelo sistema jurídico universal.

Essa interpretação linear da lei não convence nem se presta à materialização do justo, que é o fim último perseguido pelo Direito. Não toca aos espíritos mais nobres, em face de sua dimensão apequenada, e, sobretudo à míngua de imaginação, tenta acomodar situações consideradas de repercussão geral, sem considerar o verdadeiro sentido de justiça que deve guiar qualquer procedimento que tenha o homem como eixo central de suas preocupações.

Dizer que o sistema judiciário tolera a injustiça da sentença é dizer que a função processual tem como finalidade precípua chancelar a iniquidade, a fraude e a inconstitucionalidade, porque a ela, presume-se, não interessa o esforço do seu controle efetivo. Já que não se resolve a controvérsia no plano do justo, torne-se definitivo qualquer decisão, por amor à conclusividade do processo. Pouco importa a legalidade, a igualdade, a moralidade, enfim o Direito, basta a irradiação dos seus efeitos, mesmo danosos, no mundo jurídico. Eis a essência dessa doutrina.

O Direito jamais poderá ser tomado como um comportamento estanque, posto que sua inserção no universo o faz interagir ao ambiente em que se agita, no âmbito do processo histórico, sofrendo frequentes transformações ditadas por um dado momento histórico. Não é nada que possa se constituir

---

[68] FARIA, José Eduardo C. de Oliveira. Positivismo x jusnaturalismo: um falso dilema. In: SOUZA JÚNIOR, José Geraldo de (Org.). *Introdução crítica ao direito*. 4. ed. Brasília: Ed. UnB, 1993. p. 21. (Série o direito achado na rua, v. 1).

numa peça feita e acabada, intangível, fundamentada em pressupostos discutíveis da chamada ciência jurídica sustentada por alguns teóricos do processo. Gustav Radbruch, citado por Manoel Messias Peixinho, tem uma compreensão mais ampla do fenômeno jurídico, ao concebê-lo como uma ideia associada a valores metajurídicos, portanto, além do positivismo. Eis seu pensamento:

> O direito não esgota no direito positivo, mas sim na idéia metapírica de fim, compreendido como a materialização da justiça associada aos valores éticos, lógicos e estéticos do bem, da verdade e do belo, sendo o direito um servo desses bens, mormente no valor ético do Bem. Pode-se facilmente perceber que tanto Lhering quanto Radbruch reconhecem, no direito, elementos metajurídicos externos ao positivismo conservador.[69]

Reduzir o fenômeno jurídico a uma mera formalidade, além de caracterizar um comportamento intencional, revela, igualmente, uma tentativa de colocar à margem os componentes sociais que plasmam o Direito. Há, em razão de postura ideológica, interesse na reprodução desse modelo descompromissado com os cânones da justiça, como percebido por David Sánches Rubio:

> No campo do direito, quando o fenômeno jurídico se concebe como mera forma ou procedimento, sucede que se absolutiza tanto essa dimensão, que se transforma na única realidade possível, ocultando outros elementos importantes, entre eles, os processos sociais e seus atores (...). Priorizar e absolutizar a forma na ciência jurídica por cima de seu conteúdo, implica uma atitude ideológica e interessada de determinados sujeitos, até tal ponto que inclusive o problema da vida humana perde importância.[70]

---

[69] PEIXINHO, *op. cit.*, p. 48-49.
[70] SÁNCHES RUBIO, David. *Filosofia, derecho y liberación en América Latina*. Bilbao: Deselée de Brower, 1999.

CAPÍTULO 4

Sumário: 4.1 Decisão judicial e seus elementos constitutivos – **4.2** Aspectos da temática na ótica das categorias aristotélicas – Substância e acidente – **4.2.1** Rendimentos percebidos por pessoas físicas em face de doença grave – Substância – **4.2.2** Rendimentos de proventos e reformas enquanto acidente/qualidade – **4.3** Elementos de uma filosofia pragmática e criação do Direito – **4.4** Decisões judiciais como salvaguarda dos direitos humanos

4.1 Decisão judicial e seus elementos constitutivos

Dizer o Direito recorrendo-se a uma fórmula estritamente literal dispensa um intérprete qualificado, até porque nessa operação inexiste interpretação. Daí, a bem colocada decisão de Luiz Vicente Cernicchiaro, em síntese pertinente: "A interpretação literal da lei cede espaço à realização do justo. O magistrado deve ser o crítico da lei e do fato social".[71]

Parafraseando François Rigaux, citado por Tesheiner,[72] tem-se que o magistrado deve observar o que a respeito dispõe a lei, entretanto, na lei se contém o que a interpretação nela pôs. Não se pode negar que isso tem o condão de consertar a lei em certas situações, já que é factível possa "o legislador falsear sua vontade, fazendo prevalecer os interesses de uns poucos sobre os da imensa maioria da população. Não se pense num judiciário cego a tudo isso".

---

[71] STJ REsp. nº 32.639/RS. Rel. Min. Luiz Vicente Cernicchiaro, *DJ*, 19 abr. 1993.
[72] TESHEINER, José Maria Rosa. Poder Judiciário. *Revista da Ajuris*, Porto Alegre, p. 151-152, 18 mar. 1991.

É bem provável que determinados tribunais adotem a literalidade como modo de interpretação. Apesar disso, não é papel da doutrina encorajar ou aprovar esse comportamento. Com efeito, "Se a razão prática tem um sentido é o de orientar a ação e, no caso dos profissionais do Direito, o de preparar e levar a seu termo os conselhos que dão ou as decisões que determinam".[73]

Ademais, a função do juiz não é de mero aplicador de leis, tendo em vista que a lei nem sempre pode ser presumida como exata e legítima, mas dotar os valores constitucionais de significado concreto, por meio do trabalho com o texto constitucional, história e ideais sociais. Ele procura o que é verdadeiro, correto ou justo, não se tornando um participante nos interesses dos políticos de grupo.

Ao examinar a questão relativa à jurisdição, constituição e sociedade, Owen Fiss, ilustre professor americano, assevera que:

> A função do juiz não é falar pela minoria ou aumentar sua expressividade, mas dotar os valores constitucionais de significado, o que é feito por meio do trabalho com o texto constitucional, história e ideais sociais. Ele procura o que é verdadeiro, correto ou justo... A função do juiz é conferir significado concreto a aplicação dos valores constitucionais.[74]

Com base em Bobbio, podemos dizer que a proposição normativa apresenta a face da linguagem e a face do pensamento ou lógica. No âmbito da linguagem o enunciado pode ser considerado segundo a estrutura ou sintaxe, na relação com o objeto e sua representação, ou seja, semântica, e na relação dos sujeitos envolvidos na linguagem, ou pragmática.

---

[73] RIGAUX, *op. cit.*, p. 72.
[74] FISS, *op. cit.*, p. 30.

A pragmática mostra esta relação da sua função de fazer conhecer (função teorética), na função de fazer agir (função prática), e na função de fazer sentir (função estética ou expressiva).[75]

A aplicação do Direito percorre todos esses momentos, mas encontra sua relação ou efetividade no momento pragmático, especificamente na função prática, segundo o cânone fundamental da hermenêutica da atualização. Neste caso, segundo a linguagem, o sentido verdadeiro da norma vai ser dado no contexto da aplicação, ou no contexto da fala (Saussure) ou no contexto da linguagem efetivada (Wittgenstein).[76]

O positivismo limitou "o papel da lógica, dos métodos científicos e da razão aos problemas do conhecimento, puramente teóricos, negando a possibilidade do uso prático da razão". Perelman, ao contrário, acredita que os juízos de valor fazem parte do processo decisional do Direito e que "já não se pode negligenciar a questão de saber se estes julgamentos são a expressão de nossos impulsos, de nossas emoções e de nossos interesses e, por isso, subjetivos e inteiramente racionais, ou se, ao contrário, existe uma lógica dos julgamentos de valor".[77]

O Direito, como já analisado, equilibra uma dupla exigência: a primeira é a *sistemática*, concernente à valorização da coerência do próprio sistema; e a segunda é a *pragmática*, definida como a aceitabilidade das decisões.[78]

Do ponto de vista de Perelman, não é possível reduzir o Direito a um aglomerado de leis, pois uma lei necessariamente terá que ser interpretada para ser aplicada. Mesmo que o

---

[75] SALGADO, Ricardo Henrique Carvalho. *Hermenêutica filosófica e aplicação do direito*. Belo Horizonte: Del Rey, 2006. p. 123-124.
[76] SALGADO, *op. cit.*, p. 124.
[77] MONTEIRO, Cláudia Servilha. *Teoria da argumentação jurídica e nova retórica*. 2. ed. Rio de Janeiro: Lumen Juris, 2003. p. 145 (citando PERELMAN, Chaim. *Logique juridique*: nouvelle rhétorique, p. 99-100).
[78] MONTEIRO, 2003, p. 146.

Direito positivo tenha precedência na produção judicial do Direito, o juiz possui um poder criador e normativo que acompanha a necessidade de adaptação das normas jurídicas aos casos concretos. E as interpretações, por sua vez, podem variar em função do tempo. A realidade jurídica é um campo imensamente maior do que o coberto por uma legislação formalmente válida.

4.2 Aspectos da temática na ótica das categorias aristotélicas – Substância e acidente

A manifestação jurisprudencial de alguns tribunais segundo a qual o juiz atua como *legislador positivo* não passa de uma mera representação mental para justificar o injustificável. Ao contrário, assim agindo, ele qualifica o processo decisório, prenhe de elementos valorativos que dão a exata dimensão da grandeza do conteúdo sentencial. É o que também pensa Plauto Faraco de Azevedo:[79]

> Afastando-se o positivismo, pode-se admitir realisticamente a existência das leis injustas, por desconhecerem ou ignorarem as necessidades sociais ou por traduzirem interesses de setores, classes, ou grupos sociais em detrimento do bem-comum. Pode também acontecer que a lei atenda às exigências da justiça, revelando-se, entretanto, injusta sua aplicação ao caso concreto, cuja singularidade resiste a seu enquadramento legal. Esta última hipótese já fora percebida por Aristóteles, que buscava resolvê-la mediante o recurso da equidade.

---

[79] AZEVEDO, *op. cit.*, p. 139.

4.2.1 Rendimentos percebidos por pessoas físicas em face de doença grave – Substância

É do conteúdo *rendimentos percebidos por pessoas físicas em face de doença grave* que radica a substância, integrada dos seus elementos constitutivos: matéria e forma. Assim, é nele que se concentra toda a preocupação, visando a sua delimitação conceitual. Cuida-se de uma realidade que tem capacidade de subsistir independentemente de outros fatores estranhos a sua estrutura substantiva.

Não obstante, esclarecedora é a definição proposta por Marilena Chauí, como em suas palavras:

> substância é toda realidade capaz de existir (ou de subsistir) em si e por si mesma. Tudo que precisar de outro ser para existir será um modo ou um acidente da substância. Na versão tradicional, mineral era uma substância, vegetal era substância, animal, outra substância, espiritual, uma outra. Mas não só isto, dependendo das filosofias, cada mineral, cada vegetal, cada animal, cada espírito, era substância, de tal maneira que haveria tantas substâncias quantos indivíduos. Simplificadamente: a substância podia ser pensada como um gênero, ou como uma espécie ou até como um indivíduo. E cada qual teria seus modos ou acidentes e suas próprias causalidades.

Nesse conteúdo normativo que consubstancia aquela expressão linguística, sua característica intrínseca, verdadeira face de uma realidade "que se mantém permanente sob os acidentes múltiplos e mutáveis, servindo-lhe de suporte e sustentáculo, aquilo que subsiste por si, com autonomia e independência em relação às suas qualificações e estados".[80]

---

[80] GARCIA MORENTE, Manuel. *Fundamentos de filosofia I*. São Paulo: Mestre Jou, 1930. p. 105-112 *apud* NASCIMENTO, Carlos Valder do; PEREIRA JUNIOR, Lourival. Natureza da coisa julgada: uma abordagem filosófica. In: NASCIMENTO, Carlos Valder do; DELGADO, José Augusto (Coord.). *Coisa julgada inconstitucional*. 2. ed. Belo Horizonte: Fórum, 2008. p. 51.

Percebe-se que a noção de substância exsurge, em Aristóteles, para alicerçar as bases do conhecimento, numa representação do sujeito propositivo em que se funda o pensamento humano. Sem ela haveria obstáculo ao efeito de julgamento e, sobretudo, a conexão entre um sujeito e o predicado.

Prejudicada ficaria a faculdade de avaliação, isso é, a operação mental visando à manifestação do pensar articuladora de um juízo, por meio de "uma atribuição de um predicado a um sujeito, intermediados por um verbo (redutível ao verbo ser) com papel de ligação, segundo modelo S é P constructo lógico e linguístico resultante dessa ação intelectual; proposição, enunciado".[81]

Não se pode perder de vista o fato de que o uso (do verbo de ligação) só é possível, face à afirmação aristotélica, de que se pode dizer o ser (ou a substância) "de muitos modos". Assim, as muitas maneiras de dizer o que é essencial se reduziriam a quatro, e seria, inclusive, possível controlá-las.

Veja-se nesse sentido o pensamento de Esteve Daulent:

> a noção aristotélica de substância origina-se portanto na observação da estrutura predicativa e ganha o estatuto de condição do pensamento, embora, é claro, não se reduza a isso. Todavia é verdade que sem substância não haveria juízos, e sem juízos não haveria pensamento. Se soubermos colocar no seu devido lugar sujeito e predicado, então poderemos formular verdadeiros, juízos que expressem entre o intelecto e a realidade.[82]

À síntese desses tipos de substância e os atributos essenciais tidos como elementos supremos do ser sobressaem-se, pois, as categorias como elementos e condições, sem os quais

---

[81] Idem.
[82] DAULENT, Esteve. Veritas, Porto Alegre, v. 3, p. 623-642, 1988.

possivelmente não se poderia ter a visão da realidade na sua verdadeira dimensão.

Resulta nítida a equação aristotélica de correlação entre a substância e o acidente, sem que este último lhe seja da essência. Trata-se, pois, de uma qualidade de um atributo do ato jurisdicional (rendimentos percebidos por pessoas físicas...), sejam elas ativas ou inativas.

Nesse caso, o signo revela toda a sua importância, na medida em que estabelece o elo entre o termo normativo e os rendimentos provenientes dos proventos e reformas (elemento acidental) e, portanto, este, mero atributo daquele. Quiçá a razão para isso encontre-se no fato de que, para Aristóteles (1026b 20), "o acidente, de fato, revela-se como algo próximo ao não ser".

O que se propõe em termos processuais é demonstrar a viabilidade do uso da linguagem, numa perspectiva filosófica, para justificar o ponto de vista que ampara a tese, aqui, esposada.

Se inalcançável, como assinala Benjamin N. Cardozo, o sistema ideal, pois impossível idealizar um código tão completo "a ponto de fornecer antecipadamente a norma justa e adequada a toda situação imaginável, visto que a vontade da lei só se entende sobre um domínio muito estreito e limitado de fatos concretos".[83] Além do mais ela se destina ao atendimento de exigências de dado momento histórico, em razão do seu caráter fragmentário, inadequado e injusto decorrente da maneira de como foi concebida, sob o signo da fraude e da corrupção.

Mesmo o aparato normativo positivista posto à disposição do Judiciário e lastreado num sistema *jus scriptum*, não dispensa o processo. Cabe, entretanto, ao juiz "suprir as

---

[83] CARDOZO, 2004, p. 54.

omissões, corrigir as incertezas e harmonizar os resultados com justiça, através de um método de livre decisão". "Exige a complexidade das relações sociais, adequação constante de novos postulados é o juiz que moda o Direito pelo método da filosofia pode estar satisfazendo um anseio intelectual pela simetria de forma e substância".

Resultado: a sentença é sempre um ato de um sujeito humano, sem o qual a aplicação do Direito seria apenas uma atividade prosaica operada por computador. Desse modo, somente a dimensão ética é capaz de legitimá-la, como bem lembrado por Agostinho Ramalho Marques Neto: "Uma sentença não precisa apenas estar juridicamente sustentada, ela precisa estar também eticamente sustentada, porque o Direito violador da ética não é Direito".[84]

Afinal, historicamente, o processo, na sua concepção teórico-formal, cingiu-se ao estrito ponto de vista legal e, portanto, a serviço da estrutura dominante, tanto que nunca foi capaz de um efetivo controle sobre o coronelismo, a corrupção, o nepotismo, a violência e o abuso de poder econômico. Aqueles que quiserem, mais do que a segurança ou a celeridade do processo, o Direito é a possibilidade de um mundo justo.

4.2.2 Rendimentos de proventos e reformas enquanto acidente/qualidade

Dentre os significados atribuídos ao termo acidente, um sobressai como relevante para o esclarecimento da matéria, é o que o designa como uma determinação ou qualidade que, embora não pertencendo à essência necessária (ou substância)

---

[84] MARQUES NETO, Agostinho Ramalho. *A ciência do direito*: conceito, objeto, método. 2. ed. Rio de Janeiro: Renovar, 2001. p. 34.

de determinado sujeito e estando, portanto, fora de sua definição, está vinculada a sua essência e deriva necessariamente da sua definição.

O filósofo esclarece (Metafísica: 1026b 5-35) que o acidente não constitui o gênero, mas pertence ao objeto em virtude daquilo que o próprio objeto é, de sorte que se vincula casualmente às determinações necessárias da substância, embora não faça parte dela.

De fato, os *rendimentos de proventos e reformas* não participam da natureza intrínseca do conteúdo linguístico — pelas mesmas razões que o acidente não participa da natureza essencial da substância —, embora dela possa se dizer que revela apenas o seu aspecto qualitativo. Justo por isso que o aprofundamento da tese nessa direção não tem nenhum sentido para determinar-lhe a essência, sobretudo se se parte de um ângulo filosófico, especialmente, as características gerais delimitadas na obra de Aristóteles.

As ideias difundidas em torno do devido processo legal inscrito na Constituição da República foram ao longo do tempo impregnadas de formalismo, dando ensejo ao nascimento de uma cultura jurídica teratológica. O ordenamento jurídico foi sendo engessado de tal sorte em face de sua submissão ao positivismo exacerbado, bem como propiciou os atores do Direito a lançar mão dessa visão canhestra de aplicabilidade literal.

Pode-se concluir o argumento parafraseando Aristóteles no sentido de que quem só sabe expressar-se de modo simbólico (signos visíveis: algébricos, numéricos, etc.) tem poucos conceitos intelectuais. Por outro lado, não se pode admitir que a academia, como advertiu Celso Furtado, possa ser apenas reprodutora dos procedimentos enlatados, sob invólucro da sofisticação processualística que tenta se impor como ciência.

Daí, como realça Kant, aquilo que frequentemente se admira na vívida expressividade presente nos discursos dos selvagens (e às vezes também dos supostos sábios de um povo rude) não passa de pobreza de ideias, portanto, também de palavras para expressá-las.

Não há que se perquirir, nos rendimentos, na hipótese aventada, um conteúdo de caráter substancial, porquanto, neles não se contém elemento de fundo, como a sentença que põe no seu próprio bojo elementos substantivos e adjetivos, visando à persecução da ordem jurídica. Patente, seu conteúdo operacional que tem como meta pôr em evidência uma situação jurídica no plano Judiciário, a fim de que esse entregue a prestação jurisdicional perseguida pelas partes no processo.

O direito emancipatório não pode nem deve se cingir às fórmulas aprisionadas no campo inatingível do formalismo, vala comum da indiscutibilidade da sentença, sob a hipocrisia da badalada segurança jurídica, inalcançável por simples mortais, a despeito de que contribui para a pacificação social.

As contradições que povoam o mundo moderno, especialmente os países em desenvolvimento, tendo a fome como elemento determinante, e a exclusão social como fato consumado, não permitem a estabilização social

Não resta dúvida estar-se diante de uma solução paliativa que se apoia de modo confortável em referencial normativista, como solução ideal para quem limita o raciocínio sem qualquer preocupação científica, consoante assevera Cristiane Szynwelski:

> a mediocridade é útil à manutenção de um certo nível de estabilidade social. Porém, não é isso que é esperado de um jurista, ainda que, ou melhor, principalmente se orientado à prática jurídica. É justamente desse que se espera coragem e gênio criativo, pois é ali que se opera a justiça.[85]

---

[85] SZYNWELKI, Cristiane. Teoria geral do direito e o fato jurídico processual: uma proposta preliminar. *Jus Navigandi*. Disponível em: http://www.jus.com.br.

4.3 Elementos de uma filosofia pragmática e criação do Direito

Alinhando-se ao ponto de vista expendido por Richard A. Posner pretende-se enfocar o aspecto relacionado com a questão pragmática de Direito. Na verdade o que interessa ao Direito é indubitavelmente possibilitar a satisfação das necessidades públicas, implicando, assim, no bem-estar que cumpre ao Estado realizar em prol da sociedade. Trata-se, portanto de sua adequação a um objetivo comum.

Nessa perspectiva, é inquestionável o caráter instrumental das regras que permitam sejam interpretadas de forma consequente, levando-se em conta sua funcionalidade. Daí, seu caráter de mutabilidade, propiciando que o esforço criativo do juiz contribua para seu aperfeiçoamento ao longo de sua aplicação, admitindo-se, ainda, a possibilidade de ser contestadas ou mesmo revistas. E assim pode se conceber porquanto:

> O Juiz não é apenas um intérprete de matérias jurídicas. Não é apenas um descobridor, mas também um criador do direito: John Marshall deixou na Constituição dos Estados Unidos a marca de sua própria mente; e a forma do nosso direito constitucional é aquilo que é porque ele a moldou enquanto era ainda flexível e maleável ao prazo de suas intensas convicções. (169-70)[86]

O *processo decisório* em sede jurisdicional não é indiferente ao *processo de criatividade do legislador* quanto ao modo substantivo que encerra sua realização. Tanto que Mauro Cappelletti afirma nesse sentido: "Do ponto de vista substancial, portanto, não é diversa a 'natureza' dos dois processos, o legislador e o jurisdicional. Ambos constituem processos de

---
[86] POSNER, Richard A. *Problemas de filosofia do direito*. São Paulo: Martins Fontes, 2007. p. 41-42.

criação do Direito",[87] sem que isso possa ser interpretado que o juiz encarne a figura do legislador positivo.

Com efeito, o inevitável declínio do formalismo tem suscitado, de certo modo, maior repercussão na interpretação judiciária em tal grau de intensidade de sorte a gerar hipótese não de promessa ou mesmo de declaração de direito, mas um nítido processo de sua criação, aliás, como resultado de sua aplicabilidade aos casos concretos. Esta percepção não escapou do mestre italiano quando afirma:

> Embora a interpretação judiciária seja e tenha sido sempre e inevitavelmente com *alguma medida criativa do direito*, é um dado de fato que a maior intensificação da criatividade da função jurisdicional constitui típico fenômeno do nosso século. Como escreve Lord Reid, outro eminente Juiz inglês, em tempos anteriores entendia-se quase escandaloso sugeriu que *os juízes criassem o direito*, em vez de meramente declará-lo.[88] (grifou-se)

O processo eleitoral, pautado no mais deslavado fisiologismo, não se coaduna com os postulados republicanos. Isso tem ensejado a falta de confiança nos parlamentares.[89] Não só pode legislar muitas vezes em causa própria, mas, principalmente, em detrimento dos direitos fundamentais, levando as leis ao descrédito pela impossibilidade de sua internalização pela sociedade.

---

[87] CAPPELLETTI, Mauro. *Juízes legisladores?*. Porto Alegre: Sergio Fabris, 1999. p. 27.
[88] CAPPELLETTI, *op. cit.*, p. 31.
[89] De um lado, os parlamentos demonstram o caráter fantasioso da sua pretensão de se erigirem em instrumentos onipotentes do progresso social. Demasiadas leis foram emanadas demasiadamente tarde, ou bem cedo tornaram-se totalmente obsoletas; muitas se revelaram ineficazes, quando não contraprodutivas, em relação às finalidades sociais que pretendiam atingir, e muitas, ainda, criaram confusão, obscuridade e descrédito da lei. Nem se esqueça que os parlamentos, nas sociedades pluralistas compõem-se na maior parte de políticos eleitos localmente, ou vinculados eleitoralmente a certas categorias ou grupos. Os valores e prioridades desses políticos são, por isso, muito amiúde valores e prioridades locais, corporativos ou de grupo (CAPPELLETTI, *op. cit.*, p. 44).

É evidente que o descuido na elaboração das leis tem merecido espaço na doutrina, na medida em que esse fato implica necessidade de uma interpretação judiciária que considere os aspectos valorativos do texto da regra jurídica. Daí, a preocupação de Richard A Posner: "Mas não é incomum que as leis estritas contenham erros tipográficos ou lógicos inexplicáveis. A redação das leis é frequentemente um processo apressado e pouco cuidadoso".[90]

E acrescenta o eminente jurista americano Richard A. Posner:

> Os comandos do poder legislativo são pouco claros, e os juízes não podem pedir aos legisladores que os esclareçam. Em tal situação, os juízes não devem pensar em si mesmos como arqueólogos ou antiquários fracassados.[91]

Nenhum juiz pode ficar preso a regras jurídicas por obra de um entendimento linear do seu conteúdo. Isso é o que se chama de armadilha do positivismo jurídico. Explicando sua filosofia, Michel Villey aduz:

> Mas, para o juiz ou legislador, ou o jurista que o guia, ele é um pouco curte ele é vazia, não indica ao legislador nenhum método de descoberta, nada que ajude a tornar a lei justa, nada que limite sua arbitrariedade. Faz do juiz e do jurista simples exegetas, não sem risco de sujeição aos textos, à letra mostra dos textos, dado o caráter incerto e logomáquico do apelo à razão soberana.[92]

É da essência do Direito a pluralidade e, portanto, a ele deve ser circunscrita a decisão judicial em face do seu caráter

---

[90] POSNER, 2007, p. 360.
[91] POSNER, 2007, p. 363.
[92] VILLEY, Michel. *A formação do pensamento jurídico moderno*. 2. ed. São Paulo: Martins Fontes, 2009. p. 484.

substantivo. Indiferente a isso a processualística, embora nitidamente instrumental, põe no Direito apenas o fato e o jurídico, assim dispõe o art. 282, III, do Código de Processo Civil. Melhor quando o julgador acata somente os fatos para dar o direito.

É evidente que adotando esse ponto de vista acenou com a possibilidade de processo recorrer aos elementos axiológicos para fundamentar a decisão judicial. Os aspectos meramente formais não podem se sobrepor ao Direito material, sob pena de inversão de valores. Nessas condições, a procedimentalidade ao invés de assegurar o direito contribui para negá-lo, em detrimento da dimensão valorativa que lhe cabe realizar na consecução da justiça.

O que importa é a justiça como elemento superior do ordenamento jurídico, como ensina Rui Portanova:

> Por sua vez, a segurança é valor por si só se opõe ao valor justiça. O desejado de decisões mais previsíveis, mais uniformes, choca-se com ideais de justiça. É que justiça tem que compreender o ineditismo da vida, a mudança contínua. O valor de justiça é mais importante que o valor segurança. Esta fundamentalmente garante a segurança das classes que fizeram a lei ou tiveram papel preponderante na sua feitura. Não há deixar de reconhecer, tal postura leva a certa insegurança.[93]

Pela mesma forma, as decisões jurídicas, em expressividade não se atêm, até pela exiguidade de tempo, a uma análise acurada da lide, dando soluções apressadas ao caso concreto. Não leva em conta a práxis e as representações, tornando vazia a razão de decidir, principalmente, quando se depara com situação complexa na qual deve prevalecer

---

[93] PORTANOVA, Rui. *Motivações ideológicas da sentença*. 2. ed. Porto Alegre: Livraria do Advogado, 1994. p. 61.

aspectos de alta relevância social, econômica e social. O jurista tem que ir além da periferia, não se deixando aprisionado pelo positivismo dissimulado, conforme assevera Norbert Rouland:

> Isto quer dizer que o jurista não é uma máquina de aplicar a lei, pois em geral esta, assim como a jurisprudência, dá-lhe apenas algumas instruções. Cabe a ele, depois, procurar o que é o direito, apoiando-se em outros dados. Juntamo-nos assim ao que a antropologia nos diz do direito: que ele não é somente certo numero de discursos (normas orais ou escritas), mas também práticas, e talvez sobretudo representações, que o positivismo dissimula, porque lhe dão medo.[94]

Para Noel Struchiner, a interpretação tem como ponto fundamental afastar a indeterminação da regra no caso examinado considerado difícil no exercício de seu poder discricionário, assinalando:

> Quando o juiz interpreta a regra, escolhendo e argumentando a favor de um dos significados possíveis que podem ser atribuídos a ela, ele está exercendo o seu poder discricionário. Trata-se de uma atividade criativa e construtiva, às vezes chamada de "legislação judicial" para contrastar com aquelas ocasiões nas quais o juiz simplesmente aplica a regra legal ao caso concreto, sem ter que antes se posicionar em relação à extensão do escopo da regra, elegendo o significado da mesma.[95]

É óbvio que a lei, embora regule e ordene as funções do corpo social, não o faz na profundidade de suas necessidades fundamentais; daí reduzir os fenômenos sociais em esquemas

---

[94] ROULAND, Norbert. Nos confins do direito: antropologia jurídica da moralidade. 2. ed. São Paulo: Martins Fontes, 2008. p. 237.
[95] STRUCHINER, Noel. Direito e linguagem: uma análise da textura aberta da linguagem e sua aplicação ao direito. Rio de Janeiro: Renovar, 2002. p. 125.

que sejam factíveis à sua disciplina jurídica. De fato, conforme Emilio Betti, a vida social, embora albergada pelo Direito, não o é "na complexidade e na concretude das suas infinitas manifestações, mas sob o aspecto circunscrito que interessa para as suas relações com esses problemas".[96]

Pois bem, a necessidade de o juiz trabalhar com os elementos axiológicos configura um imperativo da contemporaneidade, sendo, portanto, inafastável. Embora as leis tenham a preferência, não se pode negar que os princípios e doutrinas, distintas das normas postas, "São produtos de sensibilidade ética e de pensamento especulativo".[97] Assim, eles podem ser objeto de uma interpretação técnico-científica na condução da "formulação teórica de um pensamento".[98]

Para entender o traço distintivo entre lei e outros objetos passíveis de interpretação, Emilio Betti sugere distinguir entre estática e dinâmica da ordem jurídica, nestes termos:

> As normas, uma vez postas, tendem a se enrijecer na sua objetividade: eis a razão para o perigo de que elas se tornem, distanciando-se da atualidade, estranhas às exigências da vida. Percebe-se, assim, a necessidade de reagir a um enrijecimento estático, oferecendo instrumentos que assegurem a elasticidade e a capacidade dinâmica da ordem jurídica, mantendo-a em perene eficácia perante as exigências emergentes da vida social.[99]

Decerto, no Brasil se legisla pelo atacado, sendo que tais regras se perdem no tempo longe da memória dos atores jurídicos. Não há possibilidade de contemplar todos as situações manifestadas pelos fenômenos que plasmam a

---

[96] BETTI, Emilio. *Interpretação da lei e dos atos jurídicos*: teoria geral e dogmática. São Paulo: Martins Fontes, 2008. p. 18.
[97] BETTI, *op. cit.*, p. 197.
[98] BETTI, *op. cit.*, p. 198.
[99] BETTI, *op. cit.*, p. 198.

realidade do mundo vivo. O legislador somente se manifesta de forma fragmentária, pois sua atuação se circunscreve ao âmbito limitado de fatos concretos.

Por conseguinte, não há um sistema normativo ideal, como entende Benjamin N. Cardozo:

> Não há duvida de que o sistema ideal se pudesse ser alcançado, seria um código ao mesmo tempo tão flexível e minucioso a ponto de fornecer antecipadamente a norma justa e adequada a toda situação imaginável. A vida, porém, é complexa demais para colocar a conquista desse ideal ao alcance das capacidades humanas.[100]

4.4 Decisões judiciais como salvaguarda dos direitos humanos

É preciso compreender, entretanto, os julgados dos tribunais em suas manifestações divergentes e a partir deles, se desvinculados dos elementos de natureza axiológica ou valorativa, levá-los ao debate doutrinário com vistas ao seu aprimoramento. Em sua obra sobre a natureza do processo judicial, Benjamin N. Cardozo, ex-membro da Suprema Corte de Justiça dos Estados Unidos, assevera:

> O trabalho do juiz é duradouro, em certo sentido, e efêmero, em outro. O que nele há de bom permanece. O que é errôneo com certeza perece. O bom continua sendo o alicerce sobre o qual, novas estruturas serão erigidas. O mal será rejeitado e esquecido no laboratório dos anos.[101]

---

[100] CARDOZO, Benjamin N. *A natureza do processo judicial*. São Paulo: Martins Fontes, 2004. p. 106. (Palestras proferidas na Universidade de Yale).
[101] CARDOZO, *op. cit.*, p. 132.

A justiça é a primeira virtude das instituições sociais, assim como a verdade é a primeira virtude dos sistemas de pensamento. Uma teoria, ainda que simples e elegante, deve ser abandonada ou modificada se não for verdadeira. Do mesmo modo, leis e instituições, não importa quão eficientes e bem elaboradas sejam, devem ser reformadas ou abolidas se forem injustas.[102]

Michel Bastit, em sua obra *Nascimento da lei moderna*, estabelece um paralelo entre o juiz e o legislador, asseverando que este visa ao bem comum e aquele visa uma relação que é uma parte desse bem, aduzindo, afinal:

> A aplicação da lei é feita de modo flexível porque a lei não é o direito. Convém, pois, não só abrir-se para a equidade, mas às vezes também para a dispensa ou para a interpretação. Por isso a obra do juiz consiste mais em julgar a realidade do que em aplicar a lei, no sentido moderno do termo. Ele repete, em seu nível, o que o legislador fez no dele, tendo o legislador determinado o que é justo para a cidade, o juiz diz o que é justo para o caso que lhe submetido.[103]

Sendo certo que o juiz encarna um poder e, assim, um órgão titular da jurisdição, não se subordina a diretrizes outras senão assegurar a esfera de autonomia do Direito. Desse modo, "não se afasta a possibilidade de, no exercício de sua função, frustrar um determinado designo do legislador".[104]

Os valores e princípios internalizados pela consciência que demarcam a cultura têm o condão de não possibilitar a

---

[102] MAFFETONE, Sebastião; VECA, Salvatore (Org.). *A ideia de justiça de Platão a Rawls*. São Paulo: Martins Fontes, 2005. p. 385, 386.
[103] BASTIT, Michel. *Nascimento da lei moderna*. São Paulo: Martins Fontes, 2010. p. 460-461.
[104] JUSTO, A. Santos. *Nótulas de história do pensamento jurídico*: história do direito. Coimbra: Coimbra Ed., 2005. p. 81.

aplicação das leis injustas. São eles que conformam a ordem jurídica na plenitude de sua funcionalidade. Assim, permitem um diálogo que medeia o positivismo e o neopositivismo, de sorte que Castanheira Neves, citado por A. Santos Justo, considera

> que a dimensão axiológica é a dimensão essencial da normatividade jurídica; por isso, teor de reconhecer-se no valor, e não na norma, o privs da normatividade. Esses valores que dão sentido fundamentalmente à normatividade jurídica devem ser procurados no fundo ético de nossa cultura no momento histórico-cultural e na comunidade em que o problema se põe.[105]

Na contemporaneidade já não são as normas que pontificam sobranceiras o sistema jurídico, "mas também os princípios, os valores e as formas de argumentação".[106] Essas são as diretrizes que sinalizam o processo interpretativo, como função cognoscitiva, na persecução de um resultado consentâneo com uma decisão que seja razoável, justa e adequada.

Para Cristina Queiroz a jurisdição implica ato criador do Direito, razão pela qual os juízes representam fonte de produção jurídica.

> Os juízes representam uma fonte de produção jurídica, não uma fonte subordinada e dependente. "Devem buscar, fora e acima desses elementos, os meios para cumprir plenamente a sua

---

[105] JUSTO, op. cit., p. 81.
[106] No seu cômputo geral, a "teoria da argumentação jurídica prático-racional" traduz-se na revelação ou actualização dos efeitos ou consequências práticas da decisão através da prognose e avaliação dos efeitos e interesses em causas em ordem a aportar numa decisão "justa" (richtig). É com base nestas considerações de "política jurídica" que autores como Martin Kriele individualizam a formação das diferentes "etapas" ou "fases de criação do direito" (Rechtsgewinnung) com o objectivo de tornar presente o momento "jurídico-político" a interpretação constitucional. Um aspecto que o normativismo de raiz Kelseniana havia "secundarizado" ao remetê-lo, sem mais, para a gaveta da "política jurídica" (QUEIROZ, Cristina. Interpretação constitucional e Poder Judicial: sobre a epistemologia da construção constitucional. Coimbra: Coimbra Ed., 2000. p. 184).

missão". A sentença judicial apresenta-se como a "continuação" do processo de produção de normas — representando a actividade judicial, simultaneamente, "aplicação" e "criação" de direito —, salvo o acto do primeiro constituinte que é só criação, e do último executor que é só aplicação, de modo que em cada um desses estalões caberá descobrir um momento não apenas "reprodutivo" como de "livre decisão", sem que isso signifique uma diferença qualitativa de grau entre os diferentes estalões.[107]

Nesse particular aspecto vislumbra-se uma simetria entre o poder de fazer a lei e o poder de dizê-la, como resultado do postulado da igualdade. Na espécie, o processo decisório tem dimensão institucional, "que faz com que as pretensões das 'partes' se apresentem sob a forma de direitos subjetivos, não como meros interesses, desejos ou produzam actuação política".

Veja-se nesse sentido a posição de Cristina Queiroz:

> A esta idéia encontra-se associada uma outra: a da "mudança de significado" (bedeutungswandel) do princípio de igualdade, isto, é, a idéia de como o princípio de igualdade resulta equiparado à "exigência de racionalidade". Esta "nova" concepção da lei — a "limitação do legislador pelo princípio de igualdade" ou "igualdade na formulação da lei" — situa a relação entre o poder legislativo e o poder judicial em termos radicalmente inovadores.[108]

Dessa forma, o julgador comprometido com o social deve sempre considerar o valor maior da Constituição Federal fundado na dignidade humana, erigido ao *status* de cláusula geral. Disso resulta claro que "Ninguém pode ser privilegiado

---
[107] QUEIROZ, op. cit., p. 131.
[108] QUEIROZ, op. cit., p. 185.

ou prejudicado, privado de qualquer direito", como se pode reproduzir, aqui, do Direito alemão. Sendo certo que a lei privilegiou uns (aposentados, reformados ou pensionistas), não excluindo os trabalhadores, o juiz deve reparar o equívoco da interpretação literal, inaplicável à matéria, dada pelo Superior Tribunal de Justiça.

O positivismo normativista, ainda predominante no plano jurisdicional, vale-se da técnica jurídica para dizer o Direito. Esta mentalidade estritamente legalista, igualmente, reproduzida na academia por professores acríticos tem de certa forma contribuído para a estagnação da ciência jurídica. Daí, "é inquietante verificar, por exemplo, que muitos juízes se tornaram burocratas, aplicadores inflexíveis da lei".[109]

Por conseguinte, em razão disso, Débora Pestana adverte:

> Como se observa, o direito em grande medida, não permite questionamentos ou simples reflexão de ordem valorativa. Para essa concepção positivista ainda imperante, não interessa a explicação e a compreensão dos comportamentos disciplinares pela ciência jurídica, porém a tipificação e a sistematização de situações normativas hipotéticas. Ao agir de modo técnico, isto é, sem referências críticas ou axiológicas, o jurista se limita a atuar tendo em vista apenas ao alcance das garantias formais, da certeza jurídica e do império da lei, postulados fundamentais do modelo liberal burguês de Estado de Direito.[110]

Daí, saudar-se com efusividade decisões de primeira instância que consagram o primado do Direito justo, bem compreendendo a finalidade social a que se propõe as normas realizar diante do caso concreto. Tais manifestações merecem encômios na medida em que exalta a dimensão de

---

[109] PESTANA, Débora Regina. *Justiça penal no Brasil contemporâneo*: discurso democrático e prática autoritária. São Paulo: UNESPO, 2002. p. 67.
[110] PESTANA, *op. cit.*, p. 68.

grandeza do ser humano e pelo que representam em termos de superação do mesmismo, tão presente nos julgados dos tribunais, onde predomina ainda uma jurisprudência de caráter acentuadamente fiscalista.

Não se procura juízes neutros, até porque eles não existem. O que se quer é a decisão judicial conforme o justo e assim prolatado por magistrado que, a par do conhecimento da teoria geral do Direito, tenha "capacidade de perceber a realidade e contaminar-se, apenas, do sentimento de justiça".[111]

O que é, portanto necessário é que o juiz transforme a prestação jurisdicional em ponto de referência da sociedade. Não quer isso dizer que serão eliminados os descontentes, quer dizer, isso sim, que a decisão coube no critério de justiça do tempo vivido, na compreensão do homem médio.[112]

Não é preciso, aqui, definir o que é justo ou injusto e sobremodo o que é justiça, mas esta pode ser tomada na acepção de Aristóteles como forma e prática efetiva da excelência moral perfeita.[113] O justo é o proporcional, por isso é que o juiz dirime as disputas e *ir ao juiz é ir à justiça*, porque se quer que o juiz seja como se fosse a justiça viva; e as *"pessoas procuram o juiz no pressuposto de que ele é uma pessoa equidistante e elas obtém o que é justo"*.[114]

Importa salientar, a propósito, que em recente decisão tomada em primeira instância judicial pode se dizer do seu conteúdo paradigmático ao colocar a dignidade da pessoa humana como exata medida de como deve ser o processo de interpretação. É óbvio que não poderia o ilustre magistrado, Hamilton de Sá Dantas, em sua razão de decidir, agredir a

---

[111] DIREITO, Carlos Alberto Menezes. A decisão judicial. *Revista Forense*, Rio de Janeiro, v. 351, p. 25, jul./set. 2000.
[112] DIREITO, *op. cit.*, p. 29.
[113] ARISTÓTELES. *Ética a Nicômacos*. Tradução de Mário da Gama Kury. 4. ed. Brasília: Ed. UnB, 2001. p. 93.
[114] ARISTÓTELES, *op. cit.*, p. 98.

realidade fática, negando justiça àquele que bateu as portas do Judiciário para obter seu direito que considerava justo. Daí, com inteligência e sensibilidade, ter atendido ao pedido formulado pela parte, merecendo ser destacados os trechos abaixo:

> Ora, se o legislador procurou trazer a isenção do Imposto de Renda aos aposentados reformados, no intuito de aliviar os encargos financeiros relativos ao acompanhamento médico e dos gastos com medicação, é evidente que o trabalhador ativo, que se descobre portador de grave doença, tem o sacrifício ainda mais acentuado, ao dividir o seu tempo, suas energias físicas e suas finanças com o horário de trabalho, os afazeres laborais, transporte para ir e voltar ao local de trabalho, conciliando tudo isso com despesas hospitalares, tratamentos médicos desgastantes e, certamente, sofrendo o abolo psicológico proveniente das incertezas quanto à sua saúde.
>
> (...)
>
> Outro importante exemplo que prestigia o direito à saúde e à dignidade da pessoa humana, é a concessão de benefícios aos portadores de Síndrome da Imudeficiência Adquirida (AIDS), os quais, mesmo com o aumento da qualidade e do tempo de vida, advindos dos modernos tratamentos que a Medicina tem disponibilizado nos últimos anos, vêm obtendo dos Tribunais pátrios a concessão de melhores recursos para lidar com os longos e dispendiosos tratamentos de saúde, imprescindíveis para a garantia de sua sobrevida.[115]

Pela mesma forma, cumpre destacar a sentença prolatada pelo magistrado João Paulo Pirôpo de Abreu, da Vara Única de Ilhéus, imbuído do sentimento de justiça que deve prevalecer nas decisões judiciais, atento ao mundo da vida

---

[115] TRF 1ª R. proc. 2009.34.00.021477-1 JF da 21ª Vara de Brasília. Sentença JF Hamilton Sá Dantas j. 23.09.2010.

real, entendeu que em momento algum a legislação exigiu que o contribuinte devesse estar em atividade para fruir o benefício da isenção em razão de situação excepcional, conforme justificou ao sentenciar:

> Observa-se que, a legislação pertinente em nenhum momento traz como requisito da referida isenção, a circunstância de que o contribuinte deva estar em estado de total inatividade. Não seria de exigir-se tal requisito se a lei em momento algum mencionou sua obrigatoriedade.
>
> Aliás, atente-se para o fato de que não gozam de isenção os rendimentos decorrentes de atividade empregatícia ou de atividade autônoma, recebidos concomitantemente com os de aposentadoria, reforma ou pensão, bem como, a isenção também não alcança rendimentos de outra natureza como, por exemplo, aluguéis recebidos concomitantemente com os de aposentadoria, reforma ou pensão.
>
> O dispositivo de lei é claro ao mencionar que tão-somente "os valores percebidos a título de pensão" (art. 6º, XXI, Lei nº 7.713/88) ficam isentos do imposto de renda. Ora, a existência dessa ressalva, contrario sensu, implica dizer que não é necessário que o portador de doença permaneça em inatividade total, pois que, que a lei tão-somente lhe isentará os rendimentos provenientes de pensão, aposentadoria ou reforma, sendo que os demais rendimentos serão tributados na forma da lei.[116]

Segundo Vittorio Frosini

> La interpretación jurídica no es, pues, La aplicación mecánica de un mandato, sino una actividad creadora, en el sentido propio del término. Más exactamente, puede afirmarse que ella es una

---

[116] Cf.: TRF 1ª R. proc. 2006.33.11.000681-4 JF Vara Única de Itabuna. Sentença JF João Paulo Pirôpo de Abreu, j. 09.06.2009. E, também, no proc. 2009.33.11.700777-3 JF Vara Única de Itabuna. Sentença JF João Paulo Pirôpo de Abreu, j. 11.06.2010.

actividad demiúrgica que, de un conjunto de circunstancias y condiciones simultáneamente presentes en una relación contextual, obtiene como resultado una estructura, mediante la cual se establece entre las partes una relación circular de coherencia, que tiende — como fin — a su utilización práctica.[117]

Isso desmitifica a tese segundo a qual as decisões dos tribunais superiores são sempre corretas, e, portanto, irretocáveis, daí o perigo do engessamento da súmula vinculante, que tolhe a capacidade criativa do juiz.

---

[117] FROSINI, Vittorio. *Teoría de la interpretación jurídica*. Santa Fe de Bogotá: Temis, 1991. p. 12.

Considerações Finais

A regra alcança de todo modo outras doenças graves, inclusive, mesmo as que não estejam nela elencadas. Não transparece ser propósito do legislador deixar de fora os casos que sejam suscetíveis da tutela estatal. É evidente que, se o benefício fiscal foi endereçado às pessoas físicas em inatividade, pela mesma razão, por estarem na mesma situação de igualdade, devem aos trabalhadores na ativa ser dispensado o mesmo tratamento.

Com efeito, pensar diferente seria negar a isonomia e o caráter ético que deve nortear o Direito em toda a sua plenitude. Nem mais nem menos. Compartilhar bens de forma justa entre os cidadãos constitui um dever moral do Estado Social. Se quisesse a regra estabeleceria a exclusão do ativo de modo expresso. Assim, como o legislador não pretendeu a tanto, não cabe ao Judiciário fazê-lo, inclusive, em prejuízo da dignidade da pessoa humana, que deveria sempre balizar suas decisões.

Veja nesse sentido o pensamento de Cabral de Moncada, citado por Luís Pedro Pereira Coutinho:

> Nas palavras de Cabral de Moncada, que cumpre recuperar, recontextualizando-as, nenhum Direito positivo será jamais capaz de extrair de si mesmo, sem recorrer à ética o fundamento para a sua própria obrigatoriedade.[118]

---

[118] COUTINHO, Luís Pedro Pereira. *A autoridade moral da Constituição*: da fundamentação da validade do direito constitucional. Coimbra: Coimbra Ed., 2009. p. 504.

O termo proventos não exclui da isenção outras verbas da mesma espécie e natureza. Isto porque seu objetivo volta-se para a minimização dos gastos do contribuinte com tratamentos caros com médicos e hospitais, além da aquisição de medicamentos para tentar reverter o quadro patológico que o acomete.

De igual sorte a exclusão ou mesmo o caráter extensivo que o STJ quer dar ao processo interpretativo não tem qualquer ressonância na ordem, até porque a lei assim não dispõe. Na verdade, no plano exegético, a matéria não comporta esse tipo de raciocínio, pois somente encontra adequação no âmago do postulado da isonomia. Nesse particular aspecto, seu desfecho depende antes de tudo de análise sistemática do texto que se circunscreve ao âmbito jurídico-constitucional.

O poder não pode ser tomado como uma substância, senão como uma relação que projeta seus efeitos no mundo fenomênico, onde impõe sua impositividade. Entretanto, não se reveste de cunho absoluto, tanto, que deve se ater aos limites determinados pelo ordenamento jurídico que lhe dá conformação. A concessão do benefício isentório não foge a essa regra, daí enquadrar-se no mesmo pressuposto da regra imunitória, exigindo compensação interpretativa justa no plano do direito plural.

É preciso dizer que o Direito não é apenas a porção fragmentada do texto da lei, que reflete somente a visão estereotipada do saber haurido das escolas de legalidade. Essa filosofia encerra a linearidade da regra e, assim, não convence, nem se presta ao conteúdo justo que constitui o fim último perseguido pela ordem jurídica. Não toca aos espíritos nobres tentar acomodar o silêncio consentido, como forma de escamotear o sentido de justiça que deve guiar a práxis que tem o homem como eixo central de suas preocupações.

Assim, a essência de poder de isentar é de caráter valorativo na perspectiva do mundo real e assim deve ser entendido no plano hermenêutico. Neste caso, a lei busca proteger a saúde cujo gozo em plenitude é um direito do aposentado. Pensando nesse sentido induz ao equívoco de que o trabalhador ativo esteja imunizado de forma permanente e definitiva de qualquer doença grave.

Poder de isentar ostenta posição relevante no concerto normativo e constitui um quadro de limitação do poder de tributar e assim tendo a mesma natureza deste em face de sua relação de identidade. Erigido ao *status* constitucional reveste-se, em circunstâncias determinadas, dos mesmos valores que encarnam a imunidade, em face da relevância dos fatos que justificam a concessão do benefício referido.

Ao legislador é defeso, louvando-se em fórmula simulada, dar significado diverso de matéria da mesma natureza, de molde a alterar-lhe conceito. Essa distorção se verifica em razão do uso inadequado de formas jurídicas para privilegiar determinados segmentos em detrimento de outros. Claro que isso macula o princípio isonômico constitucional republicano.

A coexistência pacífica do sistema legal depende fundamentalmente, da simetria das normas que o conforma. A utilização de noções conceituais destoantes na persecução de fins casuísticos não atende aos interesses da sociedade. Além disso, pessoas físicas constituem totalidade e proventos, são expressões que não comportam fragmentação, na esteira do art. 43 do CTN, seja para efeito tributário, seja para efeito concessório da isenção.

Os pressupostos fáticos, para fruição da isenção, dizem respeito a doença grave de que padece a pessoa, seja ativa, seja inativa. Então, quem estiver nessa situação tem o direito público subjetivo ao benefício fiscal, porque atende aos requisitos legais, presentes, na espécie, os elementos, material e pessoal, que aperfeiçoaram a relação jurídica da exoneração da prestação do imposto.

As isenções, na qualidade de normas excepcionais, regulam os fatos isentos (hipóteses de incidência), como anota José Souto Maior Borges. Ora, os fatos isentos estão descritos na lei, e quem os realiza, ou seja, as pessoas físicas, estão automaticamente isentos. Nem se pretende estender, mediante interpretação nesse sentido, o benefício aos não aposentados, como disse o STJ em sua razão de decidir.

Não é esse o significado que se pretende dar a quem esteja em atividade, em razão disso faz jus ao gozo do benefício fiscal, através de elastério interpretativo. À evidência, os termos "interpretação extensiva" ou "restritiva" configuram autênticos idiotismos da linguagem jurídica. Com efeito, não é possível ao intérprete estender ou restringir o alcance da lei.[119]

É evidente que, nesses casos, incide a retroatividade com efeitos financeiros para reparar os pagamentos indevidos. Nenhum óbice ao pleito de devolução dos valores recolhidos nessa condição, tomando como ponto de partida a data da moléstia elencada na lei aqui mencionada.

Nos termos da Súmula nº 167 do Superior Tribunal de Justiça incide a correção monetária considerada a partir da data em que os pagamentos foram tidos como indevidos. Já que a partir de 01.01.1996, aplica-se a taxa Selic, que, nos termos do artigo 39, §1º, da Lei nº 9.250/95, comporta correção monetária e juros moratórios.

---

[119] BORGES, 2007, p. 118.

REFERÊNCIAS

ALTHUSSER, L. *Pour Marx*. Paris: Maspero, 1975. (Tradução: A favor de Marx).

ANÍBAL ALTERINI, Atilio. *La seguridad jurídica*. Argentina: Abeledo-Perrot.

ARAÚJO, Luiz Alberto David; NUNES JÚNIOR, Vidal Serrano. *Curso de direito constitucional*. 9. ed. rev. e atual. São Paulo: Saraiva, 2005.

ARISTÓTELES. *Ética a Nicômacos*. Tradução de Mário da Gama Kury. 4. ed. Brasília: Ed. UnB, 2001.

AZEVEDO, Plauto Faraco de. *Aplicação do direito e contexto social*. 2. ed. São Paulo: Revista dos Tribunais, 2000.

BARBOSA, Elyana. *Gaston Bachelard*: o arauto da pós-modernidade. Salvador: Ed. UFBA, 1996.

BASTIT, Michel. *Nascimento da lei moderna*. São Paulo: Martins Fontes, 2010.

BERBEN, Marco Antônio Lima. *Os princípios na teoria do direito*. Rio de Janeiro: Renovar, 2003.

BETTI, Emilio. *Interpretação da lei e dos atos jurídicos*: teoria geral e dogmática. São Paulo: Martins Fontes, 2008.

BISOL, Rosana. Dialética social do direito. *In*: SOUZA JÚNIOR, José Geraldo (Org.). *Introdução crítica ao direito*. 4. ed. Brasília: Ed. UnB, 1993. (Série o direito achado na rua, v. 1).

BOBBIO, Norberto. *Igualdad y libertad*. Buenos Aires: Paidós Ibérica, 2009.

BORGES, José Souto Maior. Interpretação das normas sobre isenções e imunidades. *In*: ATALIBA, Geraldo (Org.). *Interpretação no direito tributário*. São Paulo: Universidade Católica, 1975.

BORGES, José Souto Maior. *Teoria geral da isenção tributária*. 3. ed. São Paulo: Malheiros, 2007.

BORGES, Wilson Hilário. *Decisão social e decisão jurídica*: uma teoria crítico-historicista. Jabaquara, SP: Germinal, 2000.

CALDAS, Ricardo. A quebra do sigilo fiscal e Estado totalitário. *Folha de S.Paulo*, São Paulo, 2010, Opinião, Caderno Especial.

CAPPELLETTI, Mauro. *Juízes legisladores?*. Porto Alegre: Sergio Fabris, 1999.

CARDOZO, Benjamin N. *A natureza do processo judicial*. São Paulo: Martins Fontes, 2004. (Palestras proferidas na Universidade de Yale).

CARVALHO, Paulo de Barros. *Curso de direito tributário*. 17. ed. São Paulo: Saraiva, 2005.

CLÈVE, Clèmerson Merlin. *Atividade legislativa do Poder Executivo no Estado contemporâneo e na Constituição de 1988*. São Paulo: Revista dos Tribunais, 1993.

COUTINHO, Luís Pedro Pereira. *A autoridade moral da Constituição*: da fundamentação da validade do direito constitucional. Coimbra: Coimbra Ed., 2009.

CRETTON, Ricardo Aziz. *Os princípios da proporcionalidade e da razoabilidade e sua aplicação no direito tributário*. Rio de Janeiro: Lumen Juris, 2001.

DEL VECCHIO, Giorgio. *Lições de filosofia do direito*. 4. ed. corr. e actual. Coimbra: Armênio Amado, 1972. 2 v.

DELGADO, José Augusto. Efeitos da coisa julgada e os princípios constitucionais. *In*: SIMPÓSIO DO DIREITO PÚBLICO DA AGU – 5ª REGIÃO, 1., Fortaleza. Palestra proferida em: 20 dez. 2000.

DERGINT, Augusto do Amaral. *Responsabilidade do Estado por atos judiciais*. São Paulo: Revista dos Tribunais, 1994.

DERRIDA, Jacques. *Força da lei*: o fundamento místico da autoridade. Tradução de Leyla Perrone-Moisés. 2. ed. São Paulo: Martins Fontes, 2010.

DI LORENZO, Wambert Gomes. *Teoria do Estado de solidariedade*: da dignidade da pessoa humana aos seus princípios corolários. Rio de Janeiro: Elsevier, 2010.

DÍAZ, Elías. *Curso de filosofía del derecho*. Madrid: Marcial Pons, 1998.

DIMOULIS, Dimitri. *O caso dos denunciantes invejosos*: introdução prática às relações entre direito, moral e justiça. Tradução de Lon L. Fuller. São Paulo: Revista dos Tribunais, 2003.

DIREITO, Carlos Alberto Menezes. A decisão judicial. *Revista Forense*, Rio de Janeiro, v. 351, jul./set. 2000.

DWORKIN, Ronald. *O império do direito*. São Paulo: Martins Fontes, 1999.

DWORKIN, Ronald. *Virtud soberana*: la teoría y la práctica de la igualdad. Buenos Aires: Ediciones Paidós Ibérica, 2003.

EDMUNDSON, William A. *Uma introdução aos direitos*. São Paulo: Martins Fontes, 2006.

ENCICLOPÉDIA de filosofia. Disponível em: http://geocities.yahoo.com.br/m-crost07/pos-moderno.htm. Acesso em: 30 maio 2004.

ENGELMANN, Wilson. *Crítica ao positivismo jurídico*: princípios, regras e o conceito de direito. Porto Alegre: Sergio Antonio Fabris, 2001.

FACHIN, Edson Luiz. *Estatuto jurídico do patrimônio mínimo*. Rio de Janeiro: Renovar, 2001.

FARALLI, Carla. *A filosofia contemporânea do direito*: temas e desafios. São Paulo: Martins Fontes, 2006.

FARIA, José Eduardo C. de Oliveira. Positivismo x jusnaturalismo: um falso dilema. In: SOUZA JÚNIOR, José Geraldo de (Org.). *Introdução crítica ao direito*. 4. ed. Brasília: Ed. UnB, 1993. (Série o direito achado na rua, v. 1).

FARIAS, Maria Eliane Menezes de. As ideologias e o direito; enfim, o que é o direito?. In: SOUZA JÚNIOR, José Geraldo de (Org.). *Introdução crítica ao direito*. 4. ed. Brasília: Ed. UnB, 1993. (Série o direito achado na rua, v. 1).

FERRARA, Francesco. *Interpretação e aplicação das leis*. 3. ed. Coimbra: Arménio Amado, 1978.

FISS, Owen. *Um novo processo civil*: estudos norte-americanos sobre jurisdição, Constituição e sociedade. São Paulo: Revista dos Tribunais, 2004.

FRANÇA, R. Limongi. *Hermenêutica jurídica*. 2. ed. São Paulo: Saraiva, 1988.

FROSINI, Vittorio. *Teoría de la interpretación jurídica*. Santa Fe de Bogotá: Temis, 1991.

GARCÍA DE ENTERRÍA, Eduardo; MENÉNDEZ MENÉNDEZ, Aurelio. *El derecho, la ley y el juez*. Madrid: Cuadernos Civitas, 2000.

GARCIA, Maria da Glória F. P. D. *Estudos sobre o princípio da igualdade*. Coimbra: Almedina, 2005.

GARRIDO GÓMEZ, Maria Isabel. *La igualdad en el contenido y en la aplicación de la ley*. Madrid: Dykinson, 2009.

GENY, F. *Método da interpretación y fuentes en derecho privado positivo*. Granada: Camares, 2000.

GOMEZ, Diego J. Duquelsky. *Entre a lei e o direito*: uma contribuição à teoria do direito alternativo. Rio de Janeiro: Lumen Juris, 2001.

GONZÁLES AMUCHASTEGUI, Jésus. *Autonomia, dignidad y ciudadania*: una teoría de los derechos humanos. Valencia, Espanha: Tirante la Blanch, 2004.

GUASTINI, Riccardo. *Das fontes às normas*. Tradução de Edson Bini. São Paulo: Quartier Latin, 2005.

GUASTINI, Riccardo. *Teoría e ideología de la interpretación constitucional*. Madrid: Trotta, 2010.

HERVADA, Javier. *O que é direito?*: a moderna resposta do realismo jurídico. São Paulo: Martins Fontes, 2006.

HESSE, Konrad. *Elementos de direito constitucional da República Federal da Alemanha*. Tradução de Luís Afonso Heck. Porto Alegre: Sergio Antonio Fabris, 1998.

HOUAISS, Antônio; VILLAR, Mauro de Salles. *Dicionário Houaiss da língua portuguesa*. Rio de Janeiro: Objetiva, 2001.

KELSEN, Hans. *A justiça e o direito natural*. 2. ed. Coimbra: Armênio Amado, 1979.

KELSEN, Hans. *Jurisdição constitucional*. 2. ed. São Paulo: Martins Fontes, 2007.

KRELL, Andréas J. *Direitos sociais e controle judicial no Brasil e na Alemanha*: os (des)caminhos de um direito constitucional comparado. Porto Alegre: Sergio Antonio Fabris, 2002.

LARENZ, Karl. *Metodologia da ciência do direito*. 3. ed. Lisboa: Fundação Calouste Gulbekian, 1997.

LASK, Emil. *Filosofia jurídica*. Buenos Aires: Euro, 2008.

LEAL, Rogério Gesta. *Hermenêutica e direito*: considerações sobre a teoria do direito e os operadores jurídicos. Santa Cruz do Sul: Edunisc, 2002.

LIFANTE, I. *La interpretación jurídica en la teoría del derecho contemporánea*. Madrid: Centro de Estudios Políticos Constitucionales, 1999.

LIVET, Pierre. *As normas*: análise da noção, estudos de textos: Wittgenstein, Libniz, Kelsen, Aristóteles. Petrópolis, RJ: Vozes, 2009.

LOEWENSTEIN, K. *Teoría de la constitución*. Barcelona: Ariel, 1976.

LORENZETTI, Ricardo Luis. *Teoria da decisão judicial*: fundamentos de direito. São Paulo: Revista dos Tribunais, 2009.

LYRA FILHO, Roberto. Direito e lei. *In*: SOUZA JÚNIOR, José Geraldo de (Org.). *Introdução crítica ao direito*. 4. ed. Brasília: Ed. UnB, 1993. (Série o direito achado na rua, v. 1).

LYRA FILHO, Roberto. *O que é direito?*. 17. ed. São Paulo: Brasiliense, 1999.

MAMAN, Jeannette Antonios. *Fenomenologia existencial do direito*: crítica do pensamento jurídico brasileiro. 2. ed. São Paulo: Quartier Latin, 2003.

MANELI, Mieczyslaw. *A nova retórica de Perelman*: filosofia e metodologia para o século XXI. São Paulo: Manole, 2004.

MARCILLA CÓRDOBA, Gema. *Racionalidad legislativa*: crisis de la ley y nueva ciencia de la legislación. Madrid: Centro de Estudios Políticos y Constitucionales, 2005.

MARQUES NETO, Agostinho Ramalho. *A ciência do direito*: conceito, objeto, método. 2. ed. Rio de Janeiro: Renovar, 2001.

MATALLO JUNIOR, Heitor. A problemática do conhecimento. *In*: CARVALHO, Maria Cecília M. de (Org.). *Construindo o saber*: metodologia científica: fundamentos e técnicas. 4. ed. Campinas: Papirus, 1994.

MIRANDA, Jorge. *Contributo para uma teoria da inconstitucionalidade.* Coimbra: Coimbra Ed., 1999.

MONTEIRO, Cláudia Servilha. *Teoria da argumentação jurídica e nova retórica.* 2. ed. Rio de Janeiro: Lumen Juris, 2003.

NASCIMENTO, Carlos Valder do; PEREIRA JUNIOR, Lourival. Natureza da coisa julgada: uma abordagem filosófica. *In:* NASCIMENTO, Carlos Valder do; DELGADO, José Augusto (Coord.). *Coisa julgada inconstitucional.* 2. ed. Belo Horizonte: Fórum, 2008.

NEVES, A. Castanheira. *O actual problema metodológico da interpretação jurídica.* Coimbra: Coimbra Ed., 2003.

NOGUEIRA, Roberto Wagner Lima. *Premissas para o direito tributário atual.* Disponível em: http://www.mundojurídicoadv.br/html/artigos. Acesso em: 29 maio 2004.

NOGUEIRA, Ruy Barbosa. *Da interpretação e da aplicação das leis tributárias.* 2. ed. São Paulo: José Bushatsky, 1974.

NOVAIS, Jorge Reis. *Contributo para uma teoria do estudo de direito.* Coimbra: Almedina, 2006.

OLIVEIRA, Fábio Corrêa Souza de. *Por uma teoria dos princípios*: o princípio constitucional da razoabilidade. Rio de Janeiro: Lumen Juris, 2003.

OTERO, Paulo Manuel Cunha da Costa. *Ensaio sobre o caso julgado inconstitucional.* Lisboa: Lex, 1993.

PEIXINHO, Manoel Messias. *A interpretação da Constituição e os princípios fundamentais*: elementos para uma hermenêutica constitucional renovada. 3. ed. Rio de Janeiro: Lumen Juris, 2003.

PESSÔA, Leonel Cesarino. *A teoria da interpretação jurídica de Emilio Betti*: uma contribuição à história do pensamento jurídico moderno. Porto Alegre: Sergio Antonio Fabris, 2002.

PESTANA, Débora Regina. *Justiça penal no Brasil contemporâneo*: discurso democrático e prática autoritária. São Paulo: UNESPO, 2002.

PORTANOVA, Rui. *Motivações ideológicas da sentença.* 2. ed. Porto Alegre: Livraria do Advogado, 1994.

POSNER, Richard A. *Problemas de filosofia do direito*. São Paulo: Martins Fontes, 2007.

RADBRUCH, Gustav. *El espiritu del derecho inglés*. Madrid: Marcial Pons, 2001.

RADBRUCH, Gustav. *Leyes que no son derecho y derecho por encina de las leyes*. Madrid: Marcial Pons, 2001.

RAKOWSKI, Eric. *Equal justice*. New York: Oxford Press, 1993.

REALE, Miguel. *Filosofia do direito*. 12. ed. São Paulo: Saraiva, 1987.

RIGAUX, François. *A lei dos juízes*. São Paulo: Martins Fontes, 2003.

ROCHA, Valdir de Oliveira (Coord.). *Grandes questões atuais do direito tributário*. São Paulo: Dialética, 2006. v. 10.

RODRIGUES PANIAGUA, José Maria. *Derecho injusto y derecho nulo*. Madrid: Aguilar, 1971.

ROIG ANSUÁTEGUI, Francisco J. *El positivismo jurídico neoinstitucionalismo*: una aproximación. Madrid: Dykinson, 1996.

ROSS, Alf. *Teoría de las fuentes del derecho*: una contribución a la teoría de derecho positivo sobre la base de investigaciones histórico-dogmáticos. Madrid: Centro de Estudios Constitucionales, 1999.

ROULAND, Norbert. *Nos confins do direito*: antropologia jurídica da moralidade. 2. ed. São Paulo: Martins Fontes, 2008.

SALGADO, Ricardo Henrique Carvalho. *Hermenêutica filosófica e aplicação do direito*. Belo Horizonte: Del Rey, 2006.

SÁNCHES RUBIO, David. *Filosofia, derecho y liberación en América Latina*. Bilbao: Deselée de Brower, 1999.

SANTAELLA LÓPEZ, Manuel. *Montesquieu*: el legislador y el arte de legislar. Madrid: Universidad Pontifica de Camillos, 1995.

SARLET, Ingo Wolfgang. *A eficácia dos direitos fundamentais*: uma teoria geral dos direitos fundamentais na perspectiva constitucional. Porto Alegre: Livraria do Advogado, 2009.

SGARBI, Adrian. *Clássicos de teoria do direito*. Rio de Janeiro: Lumen Juris, 2005.

SIQUEIRA, Holgonsi Soares Gonçalves. *Ciência pós-moderna*. Disponível em: http://www.angelfire.com/sk//holgonsi. Acesso em: 30 maio 2004.

STERN, Klaus. *Jurisdicción constitucional y legislador*. Madrid: Dykinson, 2009.

STRUCHINER, Noel. *Direito e linguagem*: uma análise da textura aberta da linguagem e sua aplicação ao direito. Rio de Janeiro: Renovar, 2002.

TESHEINER, José Maria Rosa. Poder Judiciário. *Revista da Ajuris*, Porto Alegre, 18 mar. 1991.

TIPKE, Klaus. *Moral tributaria del estado y de los contribuyentes*. Traducción de Pedro M. Herrera Molina. Madrid: Marcial Pons, 2002.

TOCQUEVILLE, Alexis de. *Democracia y pobreza*: memoria sobre el pauperismo. Madrid: Trotta, 2003.

TORRES, Ricardo Lobo. *Normas de interpretação e integração do direito tributário*. Rio de Janeiro: Forense, 1990.

VALCÁRECEL, Amelia. *El concepto de igualdad*. Madrid: Pablo Iglesias, 1994.

VERNENGO, Roberto J. *Curso de teoría general del derecho*. Buenos Aires: Cooperadora de Derecho y Ciencias Sociales, 1976.

VILLEGAS, Hector B. *Direito penal tributário*. Tradução de Elizabeth Nazar. São Paulo: Resenha Tributária, 1974.

VILLEY, Michel. *A formação do pensamento jurídico moderno*. 2. ed. São Paulo: Martins Fontes, 2009.

VILLEY, Michel. *O direito e os direitos humanos*. São Paulo: Martins Fontes, 2007.

WRÓBLEWSKI, Jerzy. *Constitución y teoría general de la interpretación jurídica*. Madrid: Civitas, 2001.

ZACCARIA, Giuseppe. *Razón jurídica e interpretación*. Madrid: Civitas, 2004.

ZAGREBELSKY, Gustavo. *El derecho dúctil*: ley, derechos, justicia. Madrid: Trotta, 1995.

O AUTOR E SUA OBRA

I – Livros jurídicos

A – Autoria

A lei da ficha limpa. Ilhéus: Editus, 2014. v. 2. Série Estudos de Direito Público.

A restituição da contribuição previdenciária dos inativos: em razão de emenda inconstitucional. Ilhéus: Editus, 2013. v. 1. Série Estudos de Direito Público.

Abuso do exercício do direito: responsabilidade pessoal. São Paulo: Saraiva, 2013.

Coisa julgada inconstitucional a questão da segurança jurídica. Belo Horizonte: Fórum, 2011.

Crédito tributário. Rio de Janeiro: Forense, 1986.

Curso de direito financeiro. Rio de Janeiro: Forense, 1999.

Curso de direito tributário. Rio de Janeiro: Forense, 1999.

Direito constitucional penal. Ilhéus: Editus, 2014. v. 3. Série Estudos de Direito Público.

Direito tributário aplicado. Rio de Janeiro: América Jurídica, 2002.

Direito tributário: autonomia, fontes, evolução histórica e relações com ostras disciplinas. Ilhéus: Editus, 2014. v. 7. Série Estudos de Direito Público.

Direito tributário: garantias do crédito tributário e administração tributária: questões polêmicas. Ilhéus: Editus, 2014. v. 9. Série Estudos de Direito Público.

Direito tributário: interpretação, obrigação e crédito tributário. Ilhéus: Editus, 2014. v. 8. Série Estudos de Direito Público.

Dívida ativa. Rio de Janeiro: Forense, 1988.

Estabilidade e disponibilidade do servidor celetista. São Paulo: Revista dos Tribunais, 1990. Coleção Constituição. Primeira Leitura, n. 9.

Execução contra a Fazenda Pública fundada em título ilegítimo. São Paulo: Oliveira Mendes, 1998.

Execução contra a Fazenda Pública: sua inversão no pólo processual em razão de erro material. Rio de Janeiro: Forense, 2000.

Finanças públicas e sistema constitucional orçamentário. 2. ed. Rio de Janeiro: Forense, 1997.

Imunidade tributária. Ilhéus: Editus, 2013. v. 5. Série Estudos de Direito Público.

Imunidade tributária. São Paulo: Resenha Tributária, 1985.

Isenção do imposto de renda dos trabalhadores da ativa em razão de doença grave. Belo Horizonte: Fórum, 2011.

O Supremo contra o direito – O caso da contribuição previdenciária dos inativos. Ilhéus: Editus, 2010.

Pareceres de advogados em procedimentos administrativos: responsabilidade solidária. Ilhéus: Editus, 2014. v. 10. Série Estudos de Direito Público.

Por uma teoria da coisa julgada inconstitucional. Rio de Janeiro: Lumen Juris, 2005.

Princípios fundamentais da legislação tributária. 2. ed. Rio de Janeiro: Freitas Bastos, 1984.

Princípios fundamentais da legislação tributária. Ilhéus: Imprensa Universitária da Fespi, 1983.

Reforma da Previdência e contribuição dos inativos: direito adquirido e segurança jurídica. Belo Horizonte: Fórum, 2003.

Tema de direito público: questões polêmicas. Ilhéus: Editus, 2014. v. 4. Série Estudos de Direito Público.

Teoria geral dos atos cooperativos. São Paulo: Malheiros, 2007.

Terceiro setor, papel imune, contribuição para a saúde e vicissitudes do crédito tributário. Ilhéus: Editus, 2013. v. 6. Série Estudos de Direito Público.

B – Coordenação/Organização

Coisa julgada inconstitucional. 2. ed. Belo Horizonte: Fórum, 2008.

Coisa julgada inconstitucional. 2. ed. Rio de Janeiro: América Jurídica, 2003.

Coisa julgada inconstitucional. 3. ed. rev., atual. e ampl. Rio de Janeiro: América Jurídica, 2004.

Coisa julgada inconstitucional. 4. ed. rev. e ampl. Rio de Janeiro: América Jurídica, 2002.

Coisa julgada inconstitucional. 5. ed. rev. e ampl. Rio de Janeiro: América Jurídica, 2002.

Coisa julgada inconstitucional. Belo Horizonte: Fórum, 2006.

Coisa julgada inconstitucional. Rio de Janeiro: América Jurídica, 2002.

Coletânea jurídica. São Paulo: Massao Ohno Editor, 1995.

Coletânea jurídica: estudos em homenagem ao Prof. Érito Francisco Machado. Ilhéus: Editus/UESC, 1999.

Comentários à Lei de Responsabilidade Fiscal. 2. ed. rev. e atual. São Paulo: Saraiva, 2007.

Comentários à Lei de Responsabilidade Fiscal. 3. ed. rev. São Paulo: Saraiva, 2008.

Comentários à Lei de Responsabilidade Fiscal. 4. ed. São Paulo: Saraiva, 2009.

Comentários à Lei de Responsabilidade Fiscal. 4. ed. 2. tir. São Paulo: Saraiva, 2009.

Comentários à Lei de Responsabilidade Fiscal. 5. ed. São Paulo: Saraiva, 2011.

Comentários à Lei de Responsabilidade Fiscal. 6. ed. São Paulo: Saraiva, 2012.

Comentários à Lei de Responsabilidade Fiscal. São Paulo: Saraiva, 2001.

Comentários ao Código Tributário Nacional. 2. ed. Rio de Janeiro: Forense, 1997.

Enciclopédia do direito brasileiro. Rio de Janeiro: Forense, 1997. v. I.

Enciclopédia do direito brasileiro. Rio de Janeiro: Forense, 2002. v. VI.

Estudos jurídicos – Coletânea em homenagem ao Prof. Francolino Neto. Ilhéus: Editus/UESC, 1997.

Interpretação no direito tributário. Estudos de direito tributário I. São Paulo: Revista dos Tribunais, 1989.

O município e a tributação: estudos sobre taxas municipais. Coletânea com artigos do corpo discente da UESC. Ilhéus: Editus/UESC, 2000.

Obrigação tributária. São Paulo: Revista dos Tribunais, 1988.

Responsabilidade fiscal: teoria e prática. Rio de Janeiro: América Jurídica, 2002.

Tratado de direito administrativo. São Paulo: Saraiva, 2013. 2 v.

Tratado de direito constitucional. 2. ed. São Paulo: Saraiva, 2012. 2 v.

Tratado de direito constitucional. São Paulo: Saraiva, 2011. 2 v.

Tratado de direito financeiro. São Paulo: Saraiva, 2013. 2 v.

Tratado de direito financeiro. São Paulo: Saraiva, 2013. 2 v.

Tratado de direito tributário. São Paulo: Saraiva, 2011. 2 v.

Tributos municipais. Rio de Janeiro: Forense, 1988.

C – Capítulos de livros

A imunidade tributária das entidades fechadas de Previdência Privada. São Paulo: Resenha Tributária – Abrapp, 1985.

Ato cooperativo e a tributação função da lei complementar. *In*: GRUPENMACHER, Treiger. *Tributação*. Curitiba: Juruá, 2001.

Comentários aos artigos 150 a 182 do CTN. *In*: NASCIMENTO, Carlos Valder do; PORTELLA, André (Coord.). *Comentários ao CTN*. 7. ed. Rio de Janeiro: Forense, 2008.

Direito fundamental à saúde. *In*: MARTINS, Ives Gandra da Silva; MENDES, Gilmar Ferreira; NASCIMENTO, Carlos Valder do (Coord.). *Tratado de direito constitucional*. 2. ed. São Paulo: Saraiva 2012. v. 2.

Direito fundamental à saúde. *In*: MARTINS, Ives Gandra da Silva; MENDES, Gilmar Ferreira; NASCIMENTO, Carlos Valder do. *Tratado de direito constitucional*. 2. ed. São Paulo: Saraiva, 2010. v. 1.

Direito tributário atual. São Paulo: Resenha Tributária – IBDT-USP, 1984.

Do lançamento. *Caderno de Pesquisas Tributárias*, São Paulo, v. 12.

Elisão e evasão fiscal. *Caderno de Pesquisas Tributarias*, São Paulo, v. 13, 1987.

Extinção do crédito tributário. *In*: NASCIMENTO, Carlos Valder do; PORTELLA, André (Coord.). *Comentários ao CTN*. 7. ed. Rio de Janeiro: Forense, 2008.

Fontes do direito administrativo. *In*: DALLARI, Adilson Abreu, NASCIMENTO, Carlos Valder do; MARTINS, Ives Gandra da Silva. (Coord.). *Tratado de direito administrativo*. São Paulo: Saraiva 2013. v. 1.

Fraude fiscal e moralidade administrativa tributária. *In*: Coletânea de artigos apresentados no IV Colóquio Internacional de Derecho. Buenos Aires: La Lei – IOB, 2002.

Garantias e privilégios do crédito tributário. *In*: NASCIMENTO, Carlos Valder do; PORTELLA, André (Coord.). *Comentários ao CTN*. 7. ed. Rio de Janeiro: Forense, 2008.

Imunidades tributárias. *Pesquisas Tributárias*, São Paulo, 1998.

Natureza da coisa julgada: uma abordagem filosófica. *In*: NASCIMENTO, Carlos Valder do; DELGADO, Augusto. *Coisa julgada inconstitucional*. 2. ed. Belo Horizonte: Fórum, 2008.

Orçamento público na ótica de responsabilidade fiscal: autorizativo ou impositivo? *In*: FIGUEREDO, Carlos Maurício; NOBREGA, Marcos (Org.). *Administração Pública*. São Paulo: Revista dos Tribunais, 2002.

Posse indígena na ótica constitucional. *In*: MARTINS, Ives Gandra da Silva; MENDES, Gilmar Ferreira; NASCIMENTO, Carlos Valder do (Coord.). *Tratado de direito constitucional*. 2. ed. São Paulo: Saraiva 2012. v. 2.

Responsabilidade tributária de terceiros – Redirecionamento da execução fiscal. *In*: MARTINS, Ives Gandra Silva; NASCIMENTO, Carlos Valder do; MARTINS, Rogério Gandra da Silva (Coord.). *Tratado de direito tributário*. São Paulo: Saraiva 2011. v. 2.

Responsabilidade tributária. *In*: MARTINS, Ives Gandra da Silva (Coord.). *Tratado de direito tributário*. São Paulo: Revista dos Tribunais/ CEU, 2011.

Temas de direito tributário. Belo Horizonte: Del Rey, 1998.

II – Livros literários e de administração

A – Autoria

Canto de presença. Itabuna: Divisão de Comunicação da Ceplac/Fespi, 1976.

Manual de comunicação administrativa. Ilhéus: Fespi, 1979.

Reflexões. Itabuna: Divisão de Comunicação da Ceplac, 1971.

B – Coautoria

Contos da região cacaueira. Ilhéus: Divisão de Comunicação da Ceplac, 1979.

Poesia moderna da região do cacau. Rio de Janeiro: Civilização Brasileira, 1979.

III – Trabalhos técnico-científicos

A Administração Pública e a responsabilidade subsidiária. Tese classificada no Concurso de Monografias do III Congresso Internacional de Direito, realizado no período de 28 a 30.11.1999, em Recife-PE.

A incidência do ICMS na base da Cofins. *Estudos de Direito Público*, Itabuna, v. 26, 2010.

A Previdência Privada como assistência social – A questão da imunidade. *Revista de Direito Tributário*, n. 29/39, 1984.

A Previdência Privada como assistência social. *Revista Forense*, Rio de Janeiro, 1984.

A questão do decreto-lei em matéria de tributação. *Revista de Direito Tributário*, São Paulo, n. 33, 1985.

Advogados públicos e a responsabilidade solidária nos processos administrativos. *Fórum de Contratação e Gestão Pública – FCGP*, Belo Horizonte, ano 6, n. 61, jan. 2007.

As entidades fechadas da previdência privada como entidades assistenciais. *Revista Forense*, Rio de Janeiro, v. 290, 1985.

As mutações do nepotismo na República dos Parentes. *Fórum Administrativo – Direito Público – FA*, Belo Horizonte, jun. 2008.

As vicissitudes do crédito previdenciário em face das obrigações acessórias. *Fórum Administrativo – Direito Público – FA*, Belo Horizonte, ano 8, n. 86, abr. 2008.

Ato cooperativo e tributação. *Estudos de Direito Público*, Itabuna, 2010.

Ato não-cooperativo: inadequação conceitual na ótica jusfilosófica. *Estudos de Direito Público*, Itabuna, v. 3, 2010.

Base de cálculo do IPTU – Atualização do valor venal (parecer). *Revista Forense*, Rio de Janeiro, v. 289, 1985.

Causas extintivas do crédito tributário. *Revista FESPI*, Ilhéus, n. 5, 1985.

Competência impositiva do estado-membro no sistema federativo. *Revista FESPI*, Ilhéus, n. 2, 1983.

Competência impositiva do município: pressupostos constitucionais. *Revista Forense*, Rio de Janeiro, v. 286, 1984.

Considerações sobre a base de cálculo do IPTU. *Revista de Finanças Públicas*, Brasília, v. 365, 1986.

Contribuição social para a saúde: escorcha fiscal para financiar o desperdício. *Revista Fórum de Direito Tributário – RFDT*, Belo Horizonte, ano 7, n. 38, maio/jun. 2009.

Controle de mérito do ato administrativo pelo Poder Judiciário. *Estudos de Direito Público*, Itabuna, v. 20, 2010.

Controle judicial da administração pública a questão da verba indenizatória parlamentar: legitimidade e moralidade. *Fórum Administrativo – Direito Público – FA*, Belo Horizonte, ano 7, n. 77, jul. 2007.

Crédito tributário: conceito e constituição. *Revista Jurídica Lemi*, Belo Horizonte, v. 196, 1984.

Crime de sonegação de contribuição previdenciária – Incapacidade contributiva e antijuricidade-ação penal sem justo motivo: responsabilidade. *Revista Fórum de Direito Tributário – RFDT*, Belo Horizonte, 2008

Declaração de papel imune: obrigação acessória: uma análise de sua juridicidade. *Revista Fórum de Direito Tributário – RFDT*, Belo Horizonte, ano 5, n. 25, p. 123-138, jan./fev. 2007.

Direito internacional público na ótica econômica. *Estudos de Direito Público*, v. 27, Itabuna, 2010.

Elementos constitutivos da dívida ativa da Fazenda Pública. *Suplemento Tributário*, São Paulo, n. 111-413, 1983.

Elisão e evasão fiscal. *Cadernos de Pesquisas Tributárias*, São Paulo, v. 13, 1988.

Embargos à execução fundada em título executivo extrajudicial. *Revista Forense*, Rio de Janeiro, v. 297, 1987.

Empresa pública e a inadequação do seu conceito legal: regime tributário e de bens. *Fórum Administrativo – Direito Público – FA*, Belo Horizonte, ano 7, n. 74, abr. 2007.

Execução contra a Fazenda Pública fundada em título executivo ilegítimo. Ilhéus: Editus da UESC, 1997.

Execução fiscal. *Estudos de Direito Público*, v. 10, Itabuna, 2010.

Fato gerador do imposto predial e territorial urbano. *Cuadernos Ibero Americanos de Estudios Fiscales*, Madrid, n. 2, 1986.

Fraude fiscal e moralidade administrativa tributária. *In*: COLÓQUIO INTERNACIONAL DE DIREITO TRIBUTÁRIO, IV. *Artigo...* Buenos Aires: La Ley, 2002.

Função comissionada: cargo de confiança. *Revista dos Tribunais*, São Paulo, v. 628, fev. 1988.

Fundamentos constitucionais do IPTU. *Revista Atualidades Forense*, Rio de Janeiro, v. 106, 1986.

Garantias e privilégios do crédito tributário. *Revista Vox Legis*, São Paulo, v. 193, 1985.

Imposto sobre a transmissão de bens imóveis: pressupostos constitucionais e legais. *Estudos de Direito Público*, v. 7, Itabuna, 2010.

Impropriedade do exame de ordem. *Fórum Administrativo – Direito Público – FA*, Belo Horizonte, ano 10, n. 107, jan. 2010.

Imunidade das entidades fechadas de previdência privada. *Suplemento Tributário*, São Paulo, n. 8-84, 1983.

Imunidade tributária. *Estudos de Direito Público*, v. 4, Itabuna, 2010.

Incompetência do juízo do consumidor para dirimir questões tributárias. *Estudos de Direito Público*, v. 26, Itabuna, 2010.

Inter-relação entre sociedade civil e a sociedade política (Estado). *Fórum Administrativo – Direito Público – FA*, Belo Horizonte, jun. 2007.

IR – Excesso de remuneração dos dirigentes de cooperativas. *Revista de Direito Tributário*, São Paulo, n. 40, abr./jun. 1987.

Isenção do imposto de renda dos trabalhadores em razão de doença grave. *Revista Fórum*, Belo Horizonte, 2011.

ISS. *Estudos de Direito Público*, v. 8, Itabuna, 2010.

Lançamento tributário. *Caderno de Pesquisas Tributárias*, São Paulo, v. 12, 1987.

Legislação tributária: fontes e conceito. *Revista de Informação Legislativa*, Brasília, v. 76, 1982.

Legislação tributária: sua posição na ordem jurídica nacional. *Revista Atualidades Forense*, Rio de Janeiro, v. 65, 1983.

Natureza da coisa julgada na ótica filosófica. *Revista de Direito Público*, Belo Horizonte, 2005.

Natureza da coisa julgada: uma abordagem filosófica. *Fórum Administrativo – Direito Público – FA*, Belo Horizonte, ano 6, n. 69, nov. 2006.

Natureza jurídica da dívida ativa da Fazenda Pública. *Cuadernos Ibero Americanos de Estudios Fiscales*, Madrid, n. 3, ano 1986.

O orçamento público na ótica da responsabilidade fiscal: autorizativo ou impositivo? Rio de Janeiro: América Jurídica, 2002.

O tributo e os princípios da causalidade aristotélica. *Estudos de Direito Público*, v. 25, Itabuna, 2010.

Orçamento público na ótica de responsabilidade fiscal: autorizativo ou impositivo? *Estudos de Direito Público*, v. 21, Itabuna, 2010.

Penhora on-line e confisco dos meios de sobrevivência e de produção. *Estudos de Direito Público*, v. 9, Itabuna, 2010.

PM em matéria tributária – A questão da contribuição para o PIS/PASEP. *Enfoque Jurídico*, Brasília, n. 3, out. 1996.

Poder constituinte: natureza e perspectivas. *Revista de Informação Legislativa*, Brasília, v. 87, 1985.

Posse indígena na ótica constitucional: o caso dos Pataxós do sul da Bahia. *Revista Fórum de Direito Tributário – RFDT*, Belo Horizonte, ano 9, n. 95, jan. 2009.

Pressupostos constitucionais do direito fundamental à saúde. *Fórum Administrativo – Direito Público – FA*, Belo Horizonte, ano 7, n. 76, jun. 2007.

Pressupostos da ação declaratória em matéria tributária. *Estudos de Direito Público*, v. 29, Itabuna, 2010.

Pressupostos da inconstitucionalidade da emenda dos precatórios. *Fórum Administrativo – Direito Público – FA*, Belo Horizonte, ano 10, n. 108, fev. 2010.

Pressupostos da interpretação em matéria tributária. *Revista de Janeiro*, v. 298, 1987.

Pressupostos da resolução do CNJ vedando o nepotismo no judiciário. *Fórum Administrativo – Direito Público – FA*, Belo Horizonte, ano 7, n. 73, mar. 2007.

Pressupostos de inelegibilidade em razão de maus antecedentes do candidato: a questão da improbidade administrativa. *Fórum Administrativo – Direito Público – FA*, Belo Horizonte, ano 8, n. 89, jul. 2008.

Pressupostos do valor da causa ausência de impugnação e a questão preclusiva. *Estudos de Direito Público*, v. 22, Itabuna, 2010.

Princípios fundamentais da tributação. *Revista Atualidades Forense*, Rio de Janeiro, v. 75, 1983.

Progressividade do IPTU. *Revista Tributária e de Finanças Públicas*, São Paulo.

Relações da legislação tributária com outras disciplinas. *Revista Atualidades Forense*, Rio de Janeiro, v. 76, 1983.

Responsabilidade objetiva do Estado. *In*: CONGRESSO NACIONAL DE PROCURADORES FEDERAIS. *Artigo...* Fortaleza, 2004.

Responsabilidade tributária e o redirecionamento da execução fiscal. *Revista Fórum de Direito Tributário – RFDT*, Belo Horizonte, ano 7, n. 39 mar./abr. 2009.

Revisão constitucional: âmbitos, alcance e limites. *Revista de Informação Legislativa*, Brasília, v. 120, 1993.

Segurança jurídica: mito e realidade. *Fórum Administrativo – Direito Público – FA*, Belo Horizonte, ano 7, n. 72, p. 7-13, fev. 2007.

Sonegação fiscal em matéria previdenciária: crime impossível de face da improbidade do objeto. *Estudos de Direito Público*, Itabuna, 2010.

Taxa de lixo domiciliar. Rio de Janeiro: América Jurídica, 2002.

Terceiro setor: privatização de serviços públicos: aspectos conceituais e tributários. *Revista Fórum de Direito Tributário – RFDT*, Belo Horizonte, ano 7, n. 41, set./out. 2009.